국어 음절의 역사

**국어사대계 4-3**

# 국어 음절의 역사

초판 1쇄 발행 2023년 3월 15일

지은이 | 신승용

펴낸곳 | (주)태학사
등록 | 제406-2020-000008호
주소 | 경기도 파주시 광인사길 217
전화 | 031-955-7580
전송 | 031-955-0910
전자우편 | thspub@daum.net
홈페이지 | www.thaehaksa.com

편집 | 조윤형 여미숙
디자인 | 이영아
마케팅 | 김일신
경영지원 | 김영지

값 18,000원
ISBN 979-11-6810-138-8 (93710)

책임편집 | 조윤형
표지디자인 | 이영아
본문디자인 | 최형필

국어사대계 4-3

음운사

# 국어 음절의 역사

신승용 지음

태학사

# 머리말

　이 책은 '국어사 대계'라는 큰 작업의 작은 한 꼭지에 해당하는 결과물이다. 그동안 어쩌다 보니 음절과 관련된 논문들을 여러 편 발표하였는데, 아마도 그래서 이 방대하고 의미 있는 작업에 참여하게 된 것 아닌가 싶다. 작업을 시작하기 전에는 지금까지 썼던 논문들을 중심으로 확장하면 되겠지 하고 쉽게 생각했던 것 같다. 하지만 생각처럼 그렇게 녹록한 작업이 아니었다. 음절이 발화의 단위라는 점에서 음성 언어를 확인할 수 없는 시기를 대상으로 음절을 다룬다는 게 조심스럽고, 중간에 자신감도 떨어지곤 했다.

　발화는 음운의 연쇄가 선적으로 이어지는 것이 아니라 음절 단위로 조직화되어 이루어진다. 특히 국어는 음절말 자음이 불파되는 특징을 가지고 있어서, 자음의 음운 변동은 대부분 음절말의 불파된 자음과 후행 음절 초성과의 관계에서 일어난다. 생성음운론에서는 이를 음운 연쇄에서 음운들 간의 통합관계에서 음운 변동이 일어나는 것으로 설명하였다. 하지만 음절말 자음이 불파되는 국어의 음절 특성을 고려할 때 음운 변동을 단순히 음운들 간의 통합관계로 보게 되면 언어적 사실을 제대로 파악할 수 없다. 그래서 특히 음절말 자음이 불파되는 국어의 경우, 음운 변동을 음운 단위가 아니라 음절을 단위로 해서 파악하는 것이 중요하다.

　세종이 국어의 음절에 대한 정밀한 분석을 기반으로 한글을 창제하였음에도, 이후 음절에 대한 이론적, 실증적 연구는 거의 이루어지지 못했다.

4

그렇기에 국어학사의 차원에서 음절에 대한 연구사를 정리하는 것은 현실적으로 어려웠다. 그래서 이 책에서는 비록 많지는 않지만 음절과 관련된 연구들을 토대로 해서, 고대국어에서 근대국어 시기까지의 국어 음절의 특징 및 음절과 관련된 쟁점을 정리하고자 하였다.

국어사에서 음절과 관련된 쟁점이라고 할 수 있는 것은 고대국어가 구조적으로 종성을 허용하지 않는 개음절로만 이루어진 음절을 가진 언어였느냐 아니냐 정도이다. 이밖에 음절의 내부 구조와 관련한 쟁점 몇 가지가 추가될 수 있다. 즉 초성의 구조와 관련하여 고대국어 시기에 초성에 자음군을 허용했느냐 아니냐, 그리고 종성의 구조와 관련하여 종성에서 실현될 수 있는 자음의 종류 및 종성에서 실현될 수 있는 자음의 개수에 대한 것도 쟁점이다. 이러한 쟁점들을 정리한다는 차원에서 서술하였다. 여기에 더하여 하향 이중모음의 소멸에 따른 이전과 이후의 변화를 음절 중성의 구조 변화라는 관점에서 살펴보았다.

주제가 무엇이든 그것을 사적으로 정리한다는 것이 참 많이 힘들다는 것을 새삼 느낀다. 책의 제목이 『국어 음절의 역사』이기는 하지만, 음운사나 형태사처럼 통시적인 흐름을 체계적으로 정리하지는 못했다. 구조적인 한계이기도 하지만, 필자의 한계도 분명 있는 듯하다. 그렇지만 음운사적 관점에서 다루어졌던 문제들을 음절이라는 관점에서 사적으로 살펴보았다는 점에서 억지스럽게나마 나름의 소박한 의의를 두려고 한다.

# 차례

머리말 … 4

1. 음절의 정의와 음절구조 … 9
     1.1. 음절 … 10
     1.2. '음절구조'의 여러 가지 정의 … 22
     1.3. CV 층렬의 C, V의 실체 … 31

2. 훈민정음의 음절 분석 … 39

3. 고대국어 연구 방법과 음절구조 연구의 제약 … 55
     3.1. 내적 재구에 의한 음절구조 연구와 제약 … 57
     3.2. 비교 방법에 의한 음절구조 재구와 제약 … 64

4. 고대국어의 음절구조 … 75
     4.1. 알타이 공통 조어 가설과 고대국어 음절구조 … 76
     4.2. 차자 표기 재구와 고대국어의 음절구조 … 79
     4.3. 말음 첨기자의 존재와 고대국어 음절구조 … 97
     4.4. 후기 중세국어 어휘의 음절형과 고대국어 음절구조 … 100
     4.5. 음절 종성 자음의 외파·불파와 고대국어 음절구조 … 107
     4.6. 종성 자음군 어간과 고대국어의 음절구조 … 116

5. 중세국어에서 초성, 중성, 종성 제약과 그 변화 … 123

    5.1. 중세국어 음절 초성 제약과 그 변화 … 126

    5.2. 중세국어 음절 중성 제약과 그 변화 … 134

    5.3. 중세국어 음절 종성 제약과 그 변화 … 143


참고문헌 … 157

《국어사대계》 발간의 말씀 … 166

# 1. 음절의 정의와 음절구조

국어의 음절 및 음절의 변화를 본격적으로 논의하기에 앞서 음절 및 음절구조의 정의에 대해 짚고 갈 필요가 있다. 음절 및 음절구조는 논의의 출발점이자 기본 바탕이다. 그렇기 때문에 음절 및 음절구조의 개념적 정의가 불완전하거나 흔들리게 되면 논의 전체가 명확하지 않고, 모호해질 수 있기 때문이다. 그래서 간략하게나마 1.1.에서 음절의 정의에 대해서 살펴보고, 1.2.에서 음절구조의 정의에 대해 정리해 볼 것이다.

국어 음운론에서 '음절구조'라는 용어는 여러 가지 의미로 사용되고 있다. 그래서 음절구조에 대한 개념을 명확히 할 필요가 있다. 분절음 연쇄가 음절로 조직화되는 구조 즉, 분절음 층렬의 분절음과 음절 층렬의 음절이 연결되는 구조를 말할 때 음절구조라는 용어를 사용한다. 또한 구조적으로 음절말 자음을 허용하지 않는 음절이냐, 음절말 자음을 허용하는 음절이냐를 말할 때도 음절구조라는 용어를 사용한다. 즉 개음절 구조, 폐음절 구조라고 할 때의 음절구조이다. 또한 초성의 구조, 중성의 구조처럼 한 음절 내에서 음절초, 음절핵, 음절말의 구조를 말할 때도 음절구조라는 용어를 사용하기도 한다. 그래서 음절구조라는 용어가 나타날 때 음절구조가 가리키는 내포와 외연을 정확히 파악하고 읽는 것이 필요하다.

또한 국어 음운론에서 음절을 논의할 때 반드시 짚고 넘어가야 하는 문제 중의 하나가 분절음 충렬과 음절 충렬 사이에 있는 골격 충렬(skeletal tier)의 음운론적 정체성이다. 골격 충렬은 C와 V(CV-tier)로 나타내기도 하고, X(X-tier)로 나타내기도 하는데, 음절 이론에서 골격 충렬의 정체성은 시간 단위(timing unit)이다. 국어 음운론에서 음절을 다룬 논의들에서는 골격 충렬의 골격을 나타낼 때 일반적으로 C와 V를 사용한다. 그런데 골격 충렬의 C, V를 골격이 아니라 각각 자음과 모음의 의미로 사용하는 경우가 많다. 그러나 음절 이론에서 C, V는 자음, 모음을 의미하지는 않는다는 점에서, 국어 음운론에서 C, V의 정체성에 대해서도 짚고 넘어갈 필요가 있다. 그래서 1.3.에서 이 문제를 다룰 것이다.

이러한 작업이 끝나고 나면, 본격적으로 음절과 관련된 국어사에 대해 다룰 것이다. 음절에 대한 국어사의 출발점은 훈민정음이다. 이미 15세기 훈민정음에서 국어의 음절에 대한 정교한 분석이 이루어져 있으므로, 음절과 관련한 국어사는 훈민정음을 출발점으로 삼는 것이 당연하다. 그럼에도 1장에서 서구에서 만들어진 음절 이론을 먼저 살펴보는 것은, 80년대 이후 국어의 음절을 다룬 논의들이 서구의 음절 이론을 기반으로 하고 있기 때문이다.


## 1.1. 음절

훈민정음은 국어의 음절에 대한 분석을 기반으로 창제되었다. 그리고 중국의 운학이 음절을 성모와 운모로 2분지 분석을 하였는데 비해, 세종은 국어의 음절을 '초성-중성-종성'으로 3분지 분석을 하였다. 이는 훈민정음을 창조적이라고 하는 근거 중의 하나이다. 음절을 초성, 중성, 종성으로 분석하고, 각각 초성에 오는 소리, 중성에 오는 소리, 종성에 오는 소리에 대응하는 문자를 창제한 것이다. 이처럼 음절에 대한 음운론적 인식 및 음절에 대한 음운론적 분석이 훈민정음 창제 당시에 이미 매우 과학적으로 이루어졌다.

그렇지만 훈민정음 창제 이후에 음절에 대한 국어학적 연구나 이론적인 작업은 거의 이루어지 못했다. 훈민정음 창제 이후 19세기 말까지는 국어 문법서라고 할 만한 저술이 없다. 근대국어 시기에 한자음 학습을 위한 학습서들의 출간은 있었지만, 국어에 대한 연구라고 할 만한 서적이 출간된 적은 없다. 당연히 국어의 음절 및 음절과 관련된 현상에 대한 연구 또한 이루어지지 못했다. 국어 문법서라고 할 수 있는 유길준의 『대한문전』, 주시경의 『국어문전음학』이 편찬된 것이 1908년이다. 그러니까 음절이 다시 국어학에서 다루어지기 시작한 시점은 적어도 20세기에 들어와서의 일이다.

그런데 현대국어에 와서도 음절은 국어학에서 주목 받지도, 제대로 연구되지도 못했다. 이는 현대적인 의미에서의 국어학이 서구 이론의 수용으로 이루어진 사실과 무관하지 않다. 20세기 초에는 구조주의 및 미국의 기술언어학을 수용하면서 시작되었고, 70년대 이후부터는 생성언어학의 영향을 받았다. 그런데 구조주의 언어학이나 생성언어학에서는 음절이 음운론적 분석 단위로서 중요하게 다루어지지 않았다. 구조주의 언어학에서는 음절이 주로 음성학적인 관점에서 연구되었고, 그러다 보니 음절이 음운론적 단위로서 다루어지지는 않았다. 또한 초기 생성음운론은 음절이 음운 분석의 단위로 필요가 없다는 관점을 취하기까지 하였다. 이러한 이론적인 배경 하에서 국어 음운론에서도 음운론적인 관점에서 음운론적 단위로서 음절이 제대로 연구되지 못했다.

국어 음운론에서 음절이 음운론적으로 주목받기 시작한 것은 1980년대 이후부터이다. 1990년대 들어서 강창석(1992), 김무식(1993) 등에서 훈민정음에 나타난 음절에 대한 기술을 토대로 주체적으로 국어의 음절 이론을 정립하고자 하였다.

음운론에서 음운론적 단위로서 음절의 기능에 주목한 것은 1970년대 자립분절음운론이 등장하면서부터였고, 그 이전까지만 해도 음운론적 단위로서 음절에 대한 연구는 제대로 이루어지지 않았다. 구조주의 음운론이나 생성 음운론에서 음절이 음운론적 단위로 도입되지 않은 이유 중의 하나는 음절을 정의하는 것부터 쉽지가 않았기 때문이다. 음절의 정의가 어려운 이유 가운데 하나는 음절이 음성과 달리 그 자체로 물리적으로 실재하는 최소 단위가 아니라 운율적 구조의 추상적인 단위이기 때문이다. 그리고 개별 언어마다 음절의 모양이 다르고, 음절을 구성하는 방법도 서로 다르다. 이러한 사실이 음절에 대한 이해를 어렵게 했던 이유이기도 하다.

발화는 음운의 연쇄로 이루어져 있지만, 그 음운의 연쇄는 선적으로 단순 나열된 음운의 연속이 아니라 일정한 단위로 조직화된 것이다. 이렇게 일정한 단위로 조직화된 것이 바로 음절이다. 그러니까 음절은 최소의 발화 단위인 셈이다. 발화 단위는 물리적으로 확인 가능한 물리적 실재라고 할 수 있으므로, 음절이 추상적인 단위가 아니라 물리적인 실재라는 결론에 도달할 수 있다.

음절이 무엇인지를 정확히 정의 내리기는 쉽지 않다. 그것은 음소가 무엇인지, 형태소가 무엇인지, 단어가 무엇인지, 문장이 무엇인지를 정의 내리기 어려운 것과 다르지 않다. 음절에 대한 연구는 이미 희랍 시대에서부터 시작되었다고 알려져 있으며, '음절'이란 단어의 사용은 최소한 14세기까지 거슬러 올라간다. 하지만 음절이 근대적 의미의 언어학에서 본격적으로 논의되기 시작한 것은 20세기 초에 이르러서의 일이다.

그런데 앞에서 잠깐 언급했듯이 20세기 초 구조주의 언어학에서 음절은 음운론적인 관점에서 음운 현상을 설명하는 단위로서 다루어진 것이 아니다. 구조주의 언어학에서 음절은 주로 음성학적인 관점에서 연구되었다. 음성학적인 관점에서 음절을 정의한 대표적인 두 경우가 공명도와 간극도에 의한 음절의 정의이다. 공명도나 간극도를 통한 음절의 정의는 음운론적 단위로서가 아니라 음성학적인 단위로서의 특성에 초점이 맞춰진 것이었다.

음절을 공명도로 정의한 것은 Jespersen(1904)이다. Jespersen(1904)은 공명도의 상대적 크기로 음절을 정의하였는데, 공명도의 상대적 크기에 의한 음절의 정의는 지금도 여전히 유효하다. 음운 연쇄에서 공명도가 가장 큰 음이 음절의 중심이고, 상대적으로 공명도가 약한 음들은 음절의 가장자리가 된다. 그리고 음절의 수는 음절 중심, 또는 음절 정점의 수와 같다. Jespersen(1904)은 공명도를 다음과 같이 8단계로 구분하였다.

(1)
1. 무성 자음(폐쇄음, 마찰음)
2. 유성 폐쇄음
3. 유성 마찰음
4. 비음, 유음
5. 전동음(trills), 설탄음(flaps)
6. 고모음
7. 중모음
8. 저모음

공명도 등급을 단어 'visit'에 적용시켜 보면, 3-6-3-6-1이 된다. 여기서 상대적으로 정점을 이루는 것은 공명도 6 의 'i' 2개이다. 그래서 'visit'는 2음절이 된다. 이를 Jespersen(1904)의 표로 도식화하면 (2)와 같다.

(2)

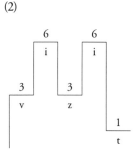

Jespersen(1904)의 공명도는 이후에 약간의 미세 조정이 있기는 하지만, 큰 틀에서는 대체로 여전히 유효하다. Hall(2004)은 음성학적인 사실에 기반하면서 동시에 음절 연결을 고려하여 (3)의 공명도 위계를 제안하였다.

(3) Hall(2004)의 공명도 위계
모음 〉활음 〉r 〉l 〉비음 〉마찰음 〉폐쇄음

그리고 (3)의 공명도 위계를 기반으로 (4)의 음절 연결 규칙을 제시하였다.

(4) Hall(2004:214)의 음절 연결 규칙

α의 공명도는 β의 공명도보다 크다.

공명도는 음운 현상을 설명하는 하나의 기제로서 현재에도 여전히 유효하다. 음운 연쇄가 음절 단위로 조직화되는 원리가 음운의 상대적 공명도의 크기인데, 이러한 음운의 상대적 공명도의 크기가 음운 현상에도 관여적이기 때문이다(김차균 1976, 오정란 1993 등).

Saussure(1916)는 음절을 간극도(aperture)로 정의하였다. 간극도는 조음을 할 때 입이 열리는 정도로, 공명도가 높을수록 입이 많이 열리고, 공명도가 낮을수록 입이 적게 열린다. 상대적으로 간극도가 가장 높은 음이 음절핵의 위치에 오고, 상대적으로 간극도가 낮은 음이 음절의 양 가장자리에 위치함으로써 음절이 형성된다는 것이다. 즉 간극도의 상대적 위치에 따라 음절을 정의하였다. 소쉬르(1916)의 간극도는 0~6도까지 7단계로 구분된다.

(5)
0도 : 폐쇄음(무성폐쇄음, 유성폐쇄음)
1도 : 마찰음(무성마찰음, 유성마찰음)
2도 : 비음
3도 : 유음
4도 : 고모음
5도 : 중모음
6도 : 저모음

그런데 음절 경계와 관련하여는 간극도보다는 내파와 외파의 개념을 이용하였다. Saussure(1916)에 따르면, 내파는 폐쇄와 평행한 개념이고, 외파는 개방과 평행한 개념이다. 음절핵 뒤에 오는 자음은 폐쇄되므로 내파음이며(〉), 음절핵 앞에 오는 자음은 개방되므로 외파음이다(〈). 음절의 경계는 입 열림이 적은 음에서 입 열림이 큰 음으로 옮겨가는 곳에, 다시 말해 내파음과 외파음 사이에 있다고 하였다.

예컨대 '해바라기'를 예로 들어 이를 적용하면 (6)과 같다.

(6) ㅎㅐ  ㅂ ㅏ  ㄹ ㅏ  ㄱ ㅣ
　　〈 〉█〈 〉█〈 〉█〈 〉

　음절 경계는 내파음과 외파음 사이에 있다고 하였으므로 '〉█〈'이 하나의
음절 경계가 된다. 경계 '〉█〈'이 3개이니까 '해바라기'는 4음절이다.
　그러나 공명도나 간극도에 의한 음절의 정의는 음절의 경계를 제대로
파악하지 못하는 문제가 있다. 공명도에 의한 음절의 정의에서는 음절의
정점을 통해 음절의 수는 알 수 있지만, 음절의 경계와 관련해서는 특별히
제대로 말해 주는 것이 없다. 예컨대 'banana'의 경우 공명도의 정점이 3개
이므로 음절의 수는 3개라는 것을 알 수 있다. 하지만 /n/이 선행 음절의 종
성에 속하는지, 후행 음절의 초성에 속하는지에 대해서는 알 수 없다. 즉
음절의 경계가 어디에 놓이는지에 대해서는 설명해 주지 못한다.
　(6)처럼 내파와 외파에 의해 음절의 경계를 설명하는 것은 일정 정도 음
절의 경계에 대해 설명을 할 수 있게 해 준다. 그러나 이 역시 음절의 경계
에 대해 제대로 된 설명을 하는 데는 한계가 있다. '아이'의 예를 통해 살펴
보자.

(7)　아이
　　　〈　〈

　'아이'는 2음절어로 '아. 이[a.i]'와 같이 음절 경계가 놓인다. 하지만 소쉬
르(1916)의 내파와 외파로는 음절 경계를 설정할 수 없다. 음절 경계를 설
정할 수 없기 때문에 결국 '아이'를 1음절어라고 해야 하는 문제가 발생하
게 된다.
　Stetsom(1951)은 공명도나 간극도와 같은 음성학적인 특성이 아닌, 생리
적인 측면에서 음절을 정의하기도 하였다. 즉 모든 발화에는 몇 개의 흉곽

운동이 필수적으로 수반된다. 이때 허파 안의 공기의 압력이 증가하여 흉곽의 신축이 일어나게 되는데, 이러한 흉곽 신축 운동에 의해 음절이 결정된다는 것이다. 이에 의하면 음절의 수는 흉곽 신축의 수와 일치한다. 하지만 이후 생리적 실험 기술이 더욱 발전하고, 음성학이 발전하면서 흉곽 신축과 음절 간에 직접적인 상관관계가 없음이 여러 실험을 통해서 증명되었다(Ladefoged 1967:46~47).

Kahn(1976)에 의해 본격적으로 자립분절 음운론이 등장하기 전까지 음절에 대한 연구는 위에서 살펴본 것처럼 주로 음성학적인 관점에서 이루어졌다. 초기 생성음운론에서도 음절은 음운 기술에 굳이 필요한 단위로 인식하지 않았고, 그래서 음운 현상의 기술에서 음절을 배제하였다. 분절음의 연쇄를 일일이 규정하는 형태소구조제약(Morpheme Structure Condition)으로 충분하기 때문에 음절이 굳이 필요하지 않다고 보았다.

생성음운론에서 음운 현상의 기술에 음운론적 단위로서 음절을 도입한것은 Hooper(1976)에서이다. Hooper(1976:189)는 음절이 음운 현상의 기술에서 기본 단위가 되어야 하는 이유로 다음의 예를 제시하였다.

(8)
ㄱ. *bnik
ㄴ. *stambnik
ㄷ. stabnik

(8ㄱ~ㄷ)에는 동일한 'bn' 분절음의 연쇄가 있다. 그런데 (8ㄱ)의 *bnick과 (8ㄴ)의 *stambnik은 불가능한 반면, (8ㄷ)의 stabnick은 가능하다. 형태소구조제약이나 음소배열제약으로는 이를 제대로 설명하기 어렵다는 것이다. 음소배열상으로는 모두 동일한 bn의 연쇄이기 때문이다. 하지만 음절을 도입함으로써 (8ㄱ, ㄴ)과 (8ㄷ)을 간명하게 설명할 수 있음을 지적하

였다.

(9)

ㄱ. $*bnik

ㄴ. *stam$bnik

ㄷ. stab$nik

(9)에서 보듯이 동일한 bn의 연쇄이지만 (9ㄱ)의 *$bnic과 (9ㄴ)의 *stam$bnik에서 bn은 동일 음절 내에 있는, 구체적으로 한 음절의 음절초 내에서의 연쇄이다. 반면 (9ㄷ)의 'stab$nick'에서 bn은 음소배열상으로는 이어진 연쇄이지만, 음절상으로는 b$n처럼 b와 n 사이에 음절 경계가 놓여 한 음절 내에서의 연쇄가 아니다. 이처럼 음절을 도입함으로써 (8ㄱ, ㄴ) 에서 bn의 연쇄는 불가능한데 반해, (8ㄷ)에서 bn의 연쇄는 가능한 이유를 (9)처럼 간단히 설명할 수 있는 길이 열리게 된다. 즉 (8ㄱ, ㄴ)이 불가능한 이유는 '음절초에 bn이 올 수 없다'는 음절구조제약 때문이다.

Hooper(1976)는 음절을 분절음배열제약에 의해 음소들이 조직화되는 언어 단위로 보았다. 그래서 분절음 연쇄의 어떤 위치에 음절 경계를 삽입하는 '음절 경계 삽입 규칙'을 제안하고, 이러한 방식에 의해 음절이 정의될 수 있다고 보았다. 하지만 Hooper(1976)는 음절을 분절음의 연속과 같은 것으로 파악함으로써 양음절성(ambisyllabicity), 음절 경계의 모호성 등 음절 과 관련한 현상의 본질을 제대로 설명해 내지 못하는 한계를 갖고 있다. 이처럼 Hooper (1976)는 음절이 음운 현상을 설명하는 데 중요하다는 것을 인식하고서 음절을 음운 기술의 단위로 도입하기는 했지만, 음소배열제 약을 보완하는 정도에서 더 나아가지는 못했다.

음절이 음운 현상을 설명하는 음운 단위로서 본격적으로 제대로 된 지위를 얻게 된 것은 자립분절음운론의 등장과 궤를 같이 한다. 음절이 강세나 성조처럼 분절음과는 독립된 자립분절 단위임이 밝혀지고, 또한 여러 음운 현상에서 음절이 관여적이라는 사실이 밝혀지면서 음절에 대한 중요성이 새롭게 부각되었다. 음절이 자립분절 단위로 인식되면서, 음절에 대한 이론적인 논의들이 정립되기 시작하였다.

음절은 음의 연쇄를 가르는 기본 단위이며, 또한 심리적으로도 실재하는 단위이다. 모든 언어는 발화를 할 때 음운의 연쇄를 음절 단위로 조직화하여 발화를 한다. 즉 음절은 음운의 연쇄가 발화 단위로 조직된 것으로, 발화를 전제로 한다. 음절이 음운의 연쇄가 발화 단위로 조직된 단위이기 때문에 음절은 당연히 음소보다는 큰 단위이다. 모음 하나로 이루어진 음절도 있는데, 이 경우 분절음 차원에서 보면 모음이 곧 음절이므로 모음과 음절이 같다고 할 수도 있다. 하지만 음절이 음소와는 독립된 자립분절 단위이므로 모음 하나로 이루어진 음절도 모음보다는 큰 단위이다.

음운의 연쇄가 발화 단위로 조직될 때는 아무렇게나 조직되는 것이 아니라 일정한 규칙에 의해 조직된다. 예컨대 국어의 경우 모음은 항상 홀로 음절을 이룰 수 있지만, 자음이나 활음은 홀로 음절을 이루지 못하고 항상 모음과 결합하여 음절을 이룬다. 언어에 따라서는 모음이 없이 자음의 연쇄만으로 음절을 이루기도 하는데, 이때에도 아무렇게나 음절을 이루는 것은 아니고 자음의 상대적 공명도 순에 따라 음절을 이룬다.

음절은 운율 단위에서 가장 기본적인 단위이기도 하다. 음절은 모든 운율 요소가 나타날 수 있는 기본 '자리'가 되기 때문이다. 음장, 강세, 성조의 실현 단위가 음절이며, 뿐만 아니라 음조의 가장 중요한 분기점도 음절이다.

음절이 음운론적 실재로서 이론적 모습을 갖추기 시작한 것은 Kahn (1976)에서부터이다. 이때부터 음절이 분절음과 별도의 층위에 존재하는, 자립분절의 음운론적 단위로 다루어지기 시작했다. 국어학에서 음절 연구에 영향을 많이 준 것은 Clement & Keyser(1983)의 소위 CV-phonology이다.

(10)은 Kann(1976)의 음절이고, (11)은 Clement & Keyser(1983)의 음절이다.

(10)

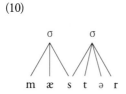

(11)

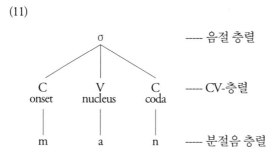

Kahn(1976)의 음절은 분절음이 바로 음절에 연결되는 구조인데 비해, Clement & Keyser(1983)의 음절은 분절음이 시간 단위라는 골격 층렬을 거쳐 음절에 연결되는 구조이다. 즉 (11)에서 보듯이 Clement & Keyser(1983)의 음절은 '분절음 층렬 - CV-층렬 - 음절 층렬'로 구분된다. 여기서 CV-층렬은 시간 단위(timming unit)이다. 즉 C, V는 시간 단위라는 점에서 똑같은 기능을 하는데, 단지 C와 V로 다른 기호를 쓴 것은 음절핵에 연결되는 분절음을 V, 음절초나 음절말에 연결되는 분절음을 C로 시각적으로 구분하기 위해서이다. 그래서 C, V로 기호를 달리 하지 않고, X라는 기호로 단일하게 사용하기도 한다. 다시 말해 CV-층렬의 C와 V는 자음, 모음을 나타내는 기호가 아니다.

2장에서 자세히 살펴보겠지만, (11)은 훈민정음의 음절 분석과 정확히 일치한다. 훈민정음에서는 '초성-중성-종성'이 모여 음절을 이룬다고 기

20

술하고 있고, 초성에 올 수 있는 소리, 중성에 올 수 있는 소리, 종성에 올 수 있는 소리를 구분하여 설명하고 있다.

음절은 음운 현상을 설명하는 데 필요한 음운론적 단위이다. 예컨대 국어에서 불파에 의해 종성에서 /ㅂ, ㄷ, ㄱ, ㅁ, ㄴ, ㅇ, ㄹ/ 7개의 자음밖에 실현되지 못하는 제약은 음절이 음운론적 단위로 도입되지 않고서는 제대로 설명할 수 없다. 생성음운론에서처럼 불파에 의한 7종성을 '자음 앞이나 단어말'이라는 환경으로 설명하는 것은 현상에 대한 설명이라기보다는 말 그대로 기술에 지나지 않는다. '자음 앞이나 단어말'은 결국 음절말을 풀어 쓴 것에 지나지 않는다.

/ㅂ/ 불규칙 용언 어간이 '-아/어/X'계 어미와 결합할 때의 양상 역시 음절을 도입할 때 사실을 쉽게 포착해 낼 수 있다. /ㅂ/ 불규칙 용언 어간은 1음절어일 때와 2음절어 이상일 때 '-아/어X계' 어미와의 결합에서 차이를 보인다. 어간이 1음절어일 때는 (12ㄱ)에서 보듯이 어간의 모음에 따라 '-아/어X' 어미와 모음조화를 지킨다. 즉 어간 모음이 /ㅏ, ㅗ/일 때는 '-아X' 어미가 결합하고, 어간 모음이 /ㅏ, ㅗ/ 이외의 모음일 때는 '-어X' 어미가 결합한다. 그런데 어간이 2음절어 이상일 때는 (12ㄴ)에서 보듯이 어간의 모음과 상관없이 모두 '-어X' 어미와 결합한다.

(12)

| ㄱ. 어간이 1음절 | ㄴ. 어간이 2음절 이상 |
|---|---|
| 고와 | 괴로워 |
| 도와 | 외로워 |
| 추워 | 부드러워 |
| 누워 | 쑥스러워 |

(12ㄱ)과 (12ㄴ)의 차이는 음절의 수와 관련되어 있다. 그래서 음절을 도입하지 않고는 이러한 차이를 제대로 설명하기 어렵다.

방언에 따라서는 2음절어 이상일 때도 1음절어와 동일한 활용 양상을 보이기도 한다. 즉 2음절어 이상일 때도 어간의 말음절 모음이 ㅏ, ㅗ이면 '-아X' 어미가, 어간의 말음절 모음이 ㅏ, ㅗ 이외의 모음일 때는 '-어X'가 결합한다. 그래서 (12ㄴ)과 달리 '괴로와, 외로와'로 나타난다.


## 1.2. '음절구조'의 여러 가지 정의

음절과 관련하여 통시적 연구를 할 때 우선적으로 맞닥뜨리는 문제가 음절구조의 정의에 대한 것이다. 이는 음절을 주제로 공시적으로 연구한 경우이든 통시적으로 연구한 경우이든 '음절구조'를 말할 때 그 내포와 외연이 단일하게 사용되지 않고 있기 때문이다. 즉 음절의 정의는 대체로 단일하게 사용되는데 반해 음절구조의 정의는 단일하지 않다. '음절구조'라는 말이 단일한 의미로 사용되고 있지 않기 때문에 음절구조를 말하기 위해서는 먼저 음절구조의 개념을 명확히 정의할 필요가 있다.

국어 음운론에서 '음절구조'는 대체로 세 가지 정도의 의미로 사용되고 있다.

(13)
㉮ 좌분지 구조, 우분지 구조, 삼지적 구조라고 할 때의 음절구조
㉯ 폐음절 구조, 개음절 구조라고 할 때의 음절구조
㉰ 초성의 구조, 중성의 구조, 종성의 구조라고 할 때의 음절구조

그러니까 음절구조라고 할 때 음절구조가 이 세 가지 중 어느 것을 가리키는지를 확인해야 한다. 각각의 대해 하나씩 살펴보기로 하자.

먼저 (13㉮)의 음절구조 즉, 좌분지 구조, 우분지 구조, 삼지적 구조라고 할 때의 음절구조는 분절음이 음절로 조직화될 때 분절음에서 음절까지

연결되는 연결 구조의 모습을 가리킨다. 즉 음절구조가 계층적 구조이냐 비계층적 구조이냐, 그리고 계층적 구조라면 좌분지 구조이냐 우분지 구조이냐를 따지는 것이 바로 (13㉮)의 의미로 사용된 음절구조이다.

(14)

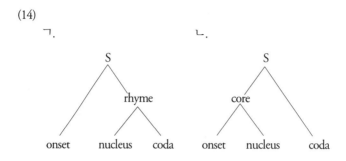

ㄱ.    ㄴ.

(15)

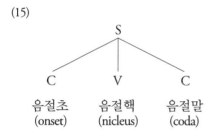

(14ㄱ)은 우분지 구조, (14ㄴ)은 좌분지 구조라고 한다. 그리고 (15)는 삼지적 구조이다. 영어를 비롯한 인구어들은 (14ㄱ)의 우분지 구조의 언어라고 알려져 있다. 음절 이론에서 (14)를 계층적 음절구조, (15)를 평면적 음절구조로 구분하기도 하는데, 이는 음절초, 음절핵, 음절말이 위계적으로 연결되어 있느냐, 동등하게 수평적으로 연결되어 있느냐에 의한 구분이다.

이처럼 이때의 음절구조는 분절음이 발화 단위로 조직될 때, 그 조직되는 구조, 다시 말해 조직되는 틀의 모양을 가리킨다. 만일 구조적으로 종성(coda)이 있는 음절형이 아예 존재하지 않는 언어가 있다면, 그 언어에서는 음절초와 음절핵이 연결되는 구조 외에 다른 구조를 상정할 수 없기 때문에 음절구조에 대한 논쟁 자체가 불필요하다. 음절구조가 (14ㄱ), (14ㄴ), (15) 중의 어떤 구조이냐 하는 논쟁은 음절말 자음이 허용되는 언어를 대상으로 한다.

그러면 국어의 음절구조는 어느 것인가? 국어 음운론에서 국어의 음절 구조와 관련해서는 (14ㄱ)의 우분지 구조라는 주장(Kim Jong-Mi 1986, 고동호 1987, Sohn Hyang-Sook 1987, 이기석 1993 등), (14ㄴ)의 좌분지 구조라는 주장(전상범 1980 , 김차균 1987, 권인한 1987 , 문양수 1996 , Ahn Sang-Cheol 1988, 김종훈 1990, 강옥미 1994, 김주필 1999, 조성문 2000 등), 그리고 (15)의 삼지적 구조라는 주장(강창석 1984, 박창원 1993, 김성련 1995, 신승용 2002a 등)이 모두 제기되어 있는 상황이다.[1]

국어의 음절구조와 관련하여 좌분지 구조라는 주장을 한 논의들이 많은데, 이들 논의에서 제시한 근거를 정리한 것이 (16)이다. 이들 논의에서 사용한 기호 C, V는 1.1.에서 살펴본 CV-phonology의 시간 단위가 아니라, 단지 자음, 모음을 뜻하는 기호이다. 즉 C는 자음, V는 모음을 가리킨다.

(16)

㉠ 유아의 언어 습득에서 VC나 CVC 형보다 CV 형이 가장 일반적으로 나타난다.

㉡ 발화 실수의 경우, C1VC2에서 C1V나 C2가 치환되는 실수가 가장 많으며 VC2가 치환되는 실수는 거의 나타나지 않는다. 그리고 혼효형을 형성할 때도 CVC 음절을 CV/C로 분리하는 것이 일반적이다.[2]

---

1 이주희(2007)에서 음절구조와 관련한 그동안의 논쟁을 전반적으로 정리한 바 있다.

2 발화실수의 예로는 '봅학적(복합적), 결곡(골격), 걍팍(강팍), 동서분주(동분서주), 프로투캄(포르투칼)' 등이, 혼효형의 예로는 '삭점(사점+넉점), 결관적인(결과적인+결과론적인), 따란(따라+따른), 결기(경기 결과)' 등이 제시되었다. 권인한(1987)에서 말하

ⓒ 언어 교육에서 "'소'에 'ㄴ'하면 '손'자가 된다"처럼 CV, C로 가르친다.

ⓡ 'no-sa' 말놀이나 버부리 말놀이('pV' 삽입)의 경우 삽입되는 'no-sa', 'pV' 가 CVC 음절의 경우 각각 CV-nosa-C, CV-pV-C의 형태로 삽입된다.[3]

ⓜ '솔+나무 → 소나무, 불+삽 → 부삽'의 'ㄹ' 탈락이나, '만들- + -은 → 만 든'의 'ㄹ'탈락에서 종성의 자음이 탈락되는데, 이는 국어의 음절구조 가 CV-C 구조임을 간접적으로 보여준다.

ⓗ $C_1VC_2$에서 $C_2$는 한 음절 내부나 두 음절 연쇄에서 일어나는 음운 현 상에 직접적으로 관여하지 못하는데, 이는 음절이 CV-C로 위계화되 어 있기 때문이다.

ⓢ 말을 빨리 하게 될 때 대체로 '자습서 → 잡서', '태극기 → 택기', '대행 진 → 댕진'처럼 CVC에서 CV가 생략된 후 축약된다.

ⓞ 의성·의태어 등의 중복 현상(reduplication)에서 CV가 복사되는 비율 이 가장 높다.

제시된 논거의 숫자만 많지만, 논거 자체의 언어 내적 타당성은 별개의 문제이다. 신승용(2002a)에서 지적한 것처럼 (16)은 음절구조를 규명할 수 있는 음운론적인 논거라고 볼 수 없다. (16)은 모두 음절과 관련된 경향성 정도 이상의 의미를 갖지 못한다. 즉 (16)은 모두 보편 음절형인 CV 음절 형을 지향하는 현상으로 해석해도 무방한 것들이다. 다시 말해 (16)의 논 거들은 국어의 음절구조가 (14ㄴ)의 좌분지 구조여서 나타나는 현상이 아 니라, CV라는 가장 무표적인 음절형을 지향하는 연장선에서의 현상으로 해석될 수 있다. 무표적인 음절형을 지향하는 현상을 음절구조라는 구조

---

는 혼효형은 넓은 의미에서 발화 실수의 범주에 포함될 수 있다고 판단하여 함께 정 리하였다.

3 'nosa' 말놀이는 '철수'를 '처노살수노사'처럼 말하는 경우를 이르고, 버부리 말놀이는 '광호하고'를 'kwa\$paŋ\$ho\$po\$ha\$pa\$ko\$po'로 말하는 경우를 이른다.

적인 문제로 해석하는 것은 현상과 구조를 구분하지 않은 것이다. 비교언어학에서 우연적 유사성과 구조적 유사성을 명확히 구분해야 함을 강조하는데, 이와 평행하게 구조에 기인한 현상인지 무표적 음절형의 지향에 의한 현상인지를 구분해야 한다. (16)은 구조에서 기인한 것이 아니라 가장 무표적인 음절형을 지향하는 경향성의 문제이고, 그렇기 때문에 다른 언어에서는 나타나지 않는 국어의 특수한 현상도 아니다. 즉 이는 우연적 유사성과 같은 차원의 현상이지 구조적 유사성과 같은 차원의 문제는 아니다.

국어의 음절구조와 관련하여 (14ㄱ)의 우분지 구조, (14ㄴ)의 좌분지 구조, (15)의 삼지적 구조, 세 가지 주장이 모두 제기되었다는 사실 자체가 국어의 음절구조가 (15)의 삼지적 구조임을 방증한다. 왜냐하면 (14ㄱ)의 구조라고 할 때는 (14ㄴ)이 불가능해야 하고, (14ㄴ)의 구조라고 하면 (14ㄱ)이 불가능해야 한다. 그런데 (14ㄱ)의 구조라는 주장과 (14ㄴ)의 구조라는 주장이 모두 제기될 수 있다는 것은 국어의 음절구조가 (15)이기 때문에 가능할 수 있다.

2장에서 자세히 살펴보겠지만, 훈민정음에서는 국어의 음절구조를 명확히 (15)의 삼지적 구조로 정의하고 있다. 그렇기 때문에 만일 국어의 음절구조가 (14ㄱ)이라고 한다든가 (14ㄴ)이라고 하려면, 중세국어에서 현대국어에 이르는 동안 국어의 음절구조에 변화가 있었다고 해야 한다. (14ㄱ)이나 (14ㄴ)의 음절구조를 주장하기 위해서는 (15)의 음절구조에서 어떤 이유로, 그리고 언제 이러한 변화가 일어났는지를 설명해야 한다.

음절과 관련된 현상은 음운의 연쇄에서 일어나는 음운 현상과 달리 그 양상이 경향성 또는 선호성으로 나타나는 경우가 많다. 물론 구조적인 제약, 예컨대 초성과 종성에 자음이 하나밖에 올 수 없다든가, 음절 종성의 자음이 불파되는 특성 등은 구조적인 제약이므로 필수적인 양상으로 나타난다. 하지만 이와 같은 구조적인 제약이 아닐 때에는 많은 경우 경향성이나 선호성의 양상으로 나타난다. 국어의 음절구조와 관련하여 (14ㄱ)의 우분지 구조라는 주장, (14ㄴ)의 좌분지 구조라는 주장이 공존하는 것도 경향성을 구조적인 특성으로 해석한 결과라고 할 수 있다. 특히 국어의 음절구조를 언어 보편적 관점에서 아주 특이하다고 한 (14ㄴ)의 좌분지 구조라는 주장은, 언어 보편적으로 CV.CV 음절형을 선호하는 보편적 선호성을 국어의 음절구조의 구조적인 특성으로 과잉 해석한 것이라고 하겠다. Fuge(1987:360)는 (14ㄱ)의 우분지 구조가 분포 제약이나 발화 실수, 단어 게임 등을 통해서 볼 때 가장 보편적인 음절구조이고, (14ㄴ)의 좌분지 구조는 논리적으로는 가능하지만 세계의 어느 언어도 이 구조를 가졌다고 보고된 바 없다고 말하기도 하였다.

분절음 층렬에서 음절 층렬에 이르는 내부 구조를 의미하는 음절구조에 대해서, 현대국어 이전 시기의 언어 자료를 통해 연구하는 것은 불가능하다. 앞에서 살펴본 것처럼 현대국어를 대상으로도 이를 증명하는 것이 쉽지 않은 상황에서 구어를 확인할 수 없는 시기의 음절구조가 어떠했는지를 증명할 방법이 없기 때문이다.

다음으로 (13㉲)의 의미로 사용되는 음절구조에 대해서 살펴보자. (13㉲)의 음절구조 즉, 폐음절 구조, 개음절 구조라고 할 때의 음절구조는 어떤 언어에서 허용되는 음절형이 CV처럼 종성이 없는 음절형만 허용되는지, 아니면 CVC(C)처럼 종성이 있는 음절형이 허용되는지를 가리킨다. 즉 (13㉲)의 의미의 음절구조는 어떤 언어에서 허용 가능한 최대 음절형을 가리키는 의미이다. CV형의 음절만 허용되는 언어의 음절구조를 개음절 구조라고 하고, CVC와 같은 폐음절형도 허용되는 언어의 음절구조를 폐음절 구조, 이렇게 구분하기도 한다. 음절형 중에서 가장 무표적인 음절형이 CV 음절형이다. 유표의 존재는 무표의 존재를 전제하므로 CVC의 폐음절형이 나타나는 언어에서는 당연히 무표적인 CV 음절형도 나타난다. 그러나 그 역은 항상 성립하지는 않는다. 여기서 CV, CVC에서 C와 V는 자음과 모음이 아니라 V는 음절핵, C는 음절 주변부 즉, 음절초나 음절말을 가리킨다. 인구어를 비롯한 많은 언어에서는 모음뿐만 아니라 /n, l, r/ 등과 같은 유성 자음도 V-마디(V-node)에 연결된다. 그러니까 V가 모음을 나타내기도 하지만 모음만 나타내는 것은 아니다.

다만 국어는 모음만이 V-마디에 연결될 수 있다. 즉 모음만이 음절핵이 될 수 있고, 모음 외에 어떠한 음운도 그 자체로 음절핵이 될 수는 없다. 그러다 보니 국어에서는 V가 마치 모음을 나타내는 것처럼 이해될 수 있다. 그러나 1.3.에서 자세히 설명하겠지만, 이론 내적으로 V는 CV-층렬에 존재하는 시간 단위로 분절음 층렬의 모음과는 그 성격이 전혀 다르다.

일본어나 중국어는 기본적으로 CV의 개음절형으로 이루어져 있다. 그래서 일본어나 중국어를 개음절 구조의 언어라고 한다. 이에 비해 국어나 인구어는 종성을 가진 CVC의 폐음절형 역시 CV의 개음절형만큼이나 일반적이다. 그래서 폐음절 구조의 언어라고 한다. 그런데 소위 개음절 구조의 언어라고 하는 중국어나 일본어도 /n/과 /ŋ/이 종성인 음절형은 가능하다.

(17)

|  | 중국어 | 일본어 |
|---|---|---|
| 종성이 /n/ | 燕京 [Yān-jīng] | 鉛筆[えん-ぴつ] |
| 종성이 /ŋ/ | 中国 [zhōng-guó] | 音樂[おんがく] |

CV의 개음절 구조라고 알려져 있는 중국어와 일본어이지만, 종성이 /n/, /ŋ/인 CVC 음절형은 존재한다. 그러니까 구조적으로 CVC 자체가 완전히 제약되는 것은 아니다. 즉 일반적으로 대부분의 음절이 CV.CV처럼 종성이 없는, 모음으로 끝나는 음절형으로 이루어져 있는 것이지, CVC의 폐음절형 자체가 원천적으로 불가능한 언어는 아니다.

역사적으로 중국어, 일본어가 고대국어에서 근대국어로 넘어오면서

CVC의 음절형에서 종성의 C가 없어지는 변화를 겪었는데, 그렇다고 CVC 음절형 자체를 구조적으로 허용하지 않는 변화를 겪었다고 할 수는 없다. (17)에서처럼 /n/, /ŋ/이 종성인 CVC 음절형도 여전히 현대 중국어와 일본어에 존재한다.

마지막으로 (13㉐)의 의미로 사용되는 음절구조에 대해 살펴보자. (13㉐)의 의미의 음절구조 즉, 초성의 구조, 중성의 구조, 종성의 구조라고 할 때의 음절구조는 표현 그대로 음절을 구성하는 각 구성 요소의 구조를 가리킨다. 초성의 음절구조제약, 종성의 음절구조제약이라고 할 때의 음절구조가 이러한 의미로 사용된 경우이다.

현대국어에서 표면형에서 초성과 종성에 올 수 있는 자음의 개수는 최대 1개이다. 그리고 종성에서 발음될 수 있는 자음의 종류는 7개(/ㅂ, ㄷ, ㄱ, ㅁ, ㄴ, ㅇ, ㄹ/)로 제약되고, 초성에는 연구개 비음 /ŋ/이 올 수 없다. 또한 음절핵에는 올 수 있는 음운의 최대 개수는 2개이다. 즉 '활음-모음' 연쇄의 상향 이중모음이 음절핵에 올 수 있다. 이러한 음운론적 사실들을 통칭하는 개념이 '음절구조제약'이다. 국어에서 '모음-활음'의 하향 이중모음은 없는데, 하향 이중모음이 없는 것은 음절과는 직접적으로 관련된 문제는 아니다. 현대국어에 'ㅢ/iy/'가 존재한다고 보면, 하향 이중모음이 없다고 할 수 없는데 이와 관련해서는 5.2.에서 자세히 다루겠다.

음절구조가 (13㉐)의 의미로 사용될 때, 기저 음절구조, 표면 음절구조처럼 두 층위로 구분하기도 한다(송철의 1982). 이는 생성음운론에서 가정한, 두 개의 표시 층위인 기저형, 표면형과 평행하다. 음성학적인 관점에서는 기저 음절구조라는 개념이 성립하지 않는다. 음성학적인 관점에서 음절은 발화를 전제로 한 개념이기 때문에, 발화되기 전인 기저에서는 음절을 말할 수 없기 때문이다.

그런데 기저 음절구조를 상정한다는 것은 기저형에 이미 음절화가 일어나 있다고 보는 것이다. 이 경우 표면형에서의 음절은 재음절화된 것이 된다. 엄태수(1994)는 음절화 자체가 발화를 전제한 것이라는 점에서 발화가 이루어지기 전인 기저에서 음절화를 상정할 근거는 없다고 하였다. 이러한 관점에서는 기저 음절구조라는 개념이 성립하지 않는다.

그런데 국어 화자라면 누구나 [할따, 할꼬, 할트니, 할트면]에서 동사의 초성 자음이 무엇이냐고 물을 때 /ㅎ/라고 대답할 수 있고, 또한 종성 자음이 무엇이냐고 물었을 때도 /ㄾ/라고 대답할 수 있다. 초성, 종성이라는 물음에 대답할 수 있다는 것은 적어도 초성과 종성이라는 음절 인식이 있기에 가능하다. 그래서 음절화가 기저에서 이루어진다고 볼 수는 없지만, 음절에 대한 인식은 기저에서부터 가능한 것으로 보인다.

음절을 '초성-중성-종성'으로 분리 인식한다고 할 때, 이러한 인식 자체는 발화를 전제로 하는 것만은 아니다. 물론 발화된 음절을 대상으로 당연히 '초성-중성-종성'을 분리하여 인식한다. 물리적으로 음절은 발화를 전제로 한 것이지만, 발화된 음절로부터 음절에 대한 인식이 형성되기도 한다. 이는 기저형이 물리적인 실재는 아니지만, 물리적인 실재인 표면형으로부터 형성된 인식적 실재인 것과 평행하다. 기저형은 표면형을 전제한 것이지만, 그렇다고 표면형과 항상 같지는 않다. 평행하게 기저의 음절 인식은 표면의 음절을 전제한 것이지만, 그렇다고 항상 표면의 음절과 같지는 않다. 이처럼 기저에서의 음절 인식은 실제 음절화가 일어난 표면에서의 음절과 항상 같지는 않지만, 인식적으로 실재한다고 할 수 있다.

이상에서 살펴본 것처럼 '음절구조'는 (13㉮), (13㉯), (13㉰) 세 가지 의미로 사용되고 있다. 그래서 음절구조라고 할 때 어떤 의미로 사용되고 있는지, 맥락 속에서 확인할 필요가 있다. 이 책의 4장에서 고대국어의 음절구조를 다룰 때의 음절구조는 (13㉰)의 의미의 음절구조이다. 그리고 5장에서 중세국어의 초 · 중 · 종성 제약을 논의하면서 사용되는 음절구조는 (13㉯)의 의미의 음절구조이다.

## 1.3. CV 층렬의 C, V의 실체

음절과 관련된 국어 음운론의 논의들에서 음절형을 말할 때 CV, CVC와 같이 표현하면서, C, V를 각각 자음(consonant), 모음(vowel)의 의미로 사용하는 경우가 있다. 그렇기 때문에 음절형이나 음절구조제약을 언급할 때 G까지 사용하여 CGV, CVG, CGVC와 같이 나타내기도 한다. 이때 G는 활음(glide)를 뜻한다. 국어에서 음절을 다루는 논의들에서 C와 V를 이처럼 자음과 모음으로, 그리고 나아가 활음을 나타내는 기호로 G를 사용하여 음절형이나 음절구조를 말하는 것은 CV-음운론(CV-phonlolgy)[4]의 시간 단위 C, V와는 다른 기호 사용이어서 이를 구분할 필요가 있다. C와 V를 자음과 모음으로, G를 활음을 나타내는 기호로 사용하여 CV, CGV, CVC 라고 말하는 것은 '자음-모음' 연쇄, '자음-활음-모음' 연쇄, '자음-모음-자음' 연쇄라고 말하는 것과 같다. 즉 단순히 음소의 종류에 따른 음소 배열을 말하는 것과 다르지 않다.

Clement & Keyser(1983)의 CV-음운론에서 C와 V는 음절 층렬과 분절음 층렬의 사이에 있는 독립적인 층렬인 CV-층렬(CV-tier)의 단위이다.[5] CV-층렬의 C와 V는 자음, 모음이 아니라, 음절 층렬과 분절음 층렬 사이에 있

---

**4** Clement & Keyser(1983)의 음절 이론을 'CV-phonloy'라고도 하는데, 이는 책 제목 『CV-Phonolgy』에서 붙여진 이름이다.

**5** 음절 층렬과 분절음 층렬의 사이에 존재하는 층렬을 골격 층렬(skeletal tier)이라고 한다. 골격 층렬의 명칭은 학자들마다 차이가 있다. Clements & Keyser(1983)는 'CV-층렬'이라고 하였고, Kaye & Lowenstamm(1984), Levin(1985)은 'X-층렬(X-tier)'이라고 하였다. 그리고 McCarthy & Prince(1986)는 모라-층렬(mora-tier)을 상정하였다. CV-층렬과 X-층렬은 음절의 무게 즉, 경음절이냐 중음절이냐의 구분에 초점을 둔 것이라면, 모라 모형은 음절의 양에 초점을 둔 것이다. CV-층렬에서의 C와 V, X-층렬에서의 X는 시간 단위라는 점에서 기본적으로 다르지 않다. 음절핵은 분절음들간의 상대적 공명도에 의해 결정된다. CV-층렬에서는 음절핵인 분절음과 연결된 골격은 V, 음절핵이 아닌 분절음과 연결된 골격은 C로 골격의 기호를 시각적으로 구분한 것이고, X-층렬에서의 골격 X는 이러한 시각적 구분을 하지 않은 것뿐이다.

는 시간 단위이다. 단지 음절의 핵을 이루는 분절음이냐 아니냐를 시각적으로 구분하기 위해 각각 V-마디(V-node), C-마디(C-node)로 구분한 것뿐이다. 그래서 Levin(1985)은 C, V를 쓰지 않고 동일하게 X로 나타낼 것을 제안하였다. 음절화 과정에서 음절핵과 음절초, 음절말이 결정되기 때문에 굳이 C와 V로 구분하지 않아도 음절핵과 음절핵이 아닌 것이 구분된다. 그래서 C, V 대신 모두 X로 나타내어도 무방하다.

국어학에서 독자적으로 음절 이론이 만들어지지는 못했다. 그렇기 때문에 음절에 대한 연구도 서구의 음절 이론을 수용하여 이루어졌다. 초기 국어 음절을 다룬 논의들의 이론적 배경은 대부분 Kahn(1976), Clement & Keyser(1983)였고, 특히 Clement & Keyser(1983)가 많은 영향을 미쳤다. 그런데 위에서 언급한 것처럼 국어 음운론에서 음절을 다룬 논의들에서 C, V는 시간 단위가 아니라, 자음과 모음을 나타내는 기호로 사용되는 경우가 있다. 그래서 활음을 나타내는 기호로 음절 이론에서는 찾아볼 수 없는 G를 사용하게 된 것으로 보인다. Clement & Keyser(1983)의 음절 이론에서 활음은 음절핵을 이루지 못하는 분절음이므로 C-마디에 연결된다. 국어는 다른 언어와 달리 음절핵을 이룰 수 있는 분절음은 모음밖에 없다. 즉 음절핵은 모두 모음이므로 CV-층렬에서 음절핵을 나타내는 V-마디와 모음이 결과적으로 일치하게 되기는 한다. 그래서 C와 V가 실제 자음, 모음처럼 사용되어도 결과적으로는 특별히 문제가 되지 않기도 한다.

그런데 문제는 국어 음절에서 C, V의 실체가 무엇인지에 대한 논의가 제대로 이루어지지 않은 채 C, V를 사용하여 음절을 기술하고 있다는 점이다. Clement & Keyser(1983)에서처럼 시간 단위의 의미로 사용하는 경우는 찾기 어렵고, 대부분 C, V, G는 각각 자음, 모음, 활음을 나타내는 기호처럼 사용되고 있다.

훈민정음에서는 음절을 '초성-중성-종성'으로 구분하고, '初中終合而成音'이라고 하고, 초성에 오는 소리, 중성에 오는 소리, 종성에 오는 소리에 대해 각각 기술하고 있다. 훈민정음에서의 '초성-중성-종성'에 해당하는 것이 CV-음운론의 CV-층렬과 일맥상통한다.

국어 화자라면 누구나 음절에 대한 인식과 함께 음절 위치에 대한 인식을 뚜렷이 갖고 있다. 모음을 중심으로 모음은 중성, 모음의 앞쪽은 초성, 모음의 뒤쪽은 종성이라는 인식이다. 이러한 인식은 이미 『訓民正音』에서부터 나타난다. 이와 관련된 내용은 2장에서 자세히 다루고, 여기서는 음절의 초성, 중성, 종성에 대한 인식과 관련된 기술 한두 가지만 언급하기로 하겠다. '자의 요체는 중성이고 초성, 종성과 합해서 음을 이룬다(盖字韻之要 在於中聲 初終合而成音〈制字解〉)'든가, '중성만으로 음절을 이룰 수 있다(中聲可得成音〈終聲解〉)'는 진술에서 음절을 초성, 중성, 종성으로 삼분하고, 음절의 각 위치에 대한 분절 인식이 명확하였음을 확인할 수 있다.

그러니까 국어의 경우 CV-층렬은 화자의 음절 위치에 대한 인식과 관련된 자립분절 단위라고 할 수 있다. 즉 CV-층렬의 V는 음절핵, V의 왼쪽 C는 음절초, 그리고 오른쪽 C는 음절말이라는 국어 화자의 인식을 반영하는 심리적 실재이다. 이는 분절음 층렬의 자음, 모음과는 다르다. 자음, 모음은 음운의 종류에 대한 인식이고, C와 V는 음운의 음절 위치에 대한 인식이다.

국어에서 모음은 예외 없이 음절핵을 이룬다. 따라서 어떤 형태소(또는 단어)가 몇 음절인지는 그 단어의 모음의 숫자와 정확히 일치한다. 모음의 수를 통해 음절의 수를 예측할 수 있다는 것은 자음도 V-마디에 연결될 수 있는 언어와 다른, 국어의 특징이다. 국어에서 자음은 어떠한 경우에도 음절핵을 이룰 수 없다. 이러한 특징으로 인해 국어에서는 골격 층렬의 V가 음절핵이라는 음절 위치에 대한 인식을 나타내면서 동시에 모음이라는 인식을 나타낼 수 있기도 하다.

문제가 되는 것은 국어의 음절을 다룬 논의에서 사용되고 있는 G이다. 위에서도 언급했듯이 이들 논의에서 G는 활음 /y, w/를 나타내는 기호처럼 사용되었다. 골격 층렬에 G를 설정하기 위해서는 그에 앞서 G의 실체에 대한 정의가 우선해야 한다. 골격 층렬이 분절음의 성격을 표시하는 곳이 아니므로, 골격 층렬의 G가 활음을 나타낸다고 할 수는 없다. 앞서 국어 음절에서 골격 층렬의 C, V는 음절 위치에 대한 심리적 실재라고 하였는데, 그러면 G는 무엇인가?

이와 관련하여 먼저 G가 시간단위일 가능성을 고려해 볼 수 있을 것 같다. 하지만 국어의 경우 일반 언중들이 'ㅑ [ya]'를 발음할 때와 'ㅏ [a]'를 발음할 때, 두 발음의 상대적 시간 차이를 변별적으로 인식하지 못한다. 그래서 일단 G가 음운론적으로 시간 단위일 가능성은 배제된다. 이러한 사실을 반영하여 엄태수(1994:21)에서는 단모음과 '활음-모음'의 연쇄를 동일하게 하나의 V-마디 아래 연결되는 것으로 상정하였다. 반면 장모음은 (18 ㄷ)처럼 두 개의 V-마디와 연결되는 구조이다.

(18)

ㄱ. /ㅏ/     ㄴ. /ㅑ/     ㄷ. /ㅏ:/

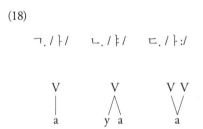

G가 시간단위가 아니라면, 다음으로 생각해 볼 수 있는 것은 C, V처럼 음절 위치에 대한 언중들의 인식과 관련한 심리적 실재일 가능성이다. 그러나 G의 경우에는 음절 위치에 대한 국어 화자의 심리적 실재를 반영하는 단위라고 할 수 없다. 한 음절 내부에서 V는 음절핵, V에 선행하는 C는 초성, V에 후행하는 C가 종성이라고 할 때, G는 음절 위치에 대한 화자의 인식과 특별한 관계가 없기 때문이다. 국어의 문자 체계가 이중모음인 '활음-모음'의 연쇄를 'ㅑ, ㅕ, ㅛ, ㅠ, ㅖ, ㅒ, ㅘ, ㅝ ㅟ, ㅞ, ㅙ처럼 하나의 문자

로 나타내고 있다. 이러한 표기의 영향일 수도 있겠지만, 아무튼 국어 화자는 이중모음에서 활음을 분리하여 활음이 음절의 어느 위치에 오는지에 대한 인식이 있다고 보기 어렵다. 즉 활음의 음절 위치에 대한 인식 자체가 없다. 이중모음도 단모음과 마찬가지로 음절핵으로 인식한다는 점에서 활음을 별도로 분리하여 활음의 음절 위치를 인식하지는 않는다.

활음의 음절 위치에 대한 인식이 별도로 없다는 것은 활음 탈락과 자음 탈락에 대한 화자의 인식 차이를 통해서 어느 정도 확인할 수 있다.

(19)

ㄱ. 계속 → [kyesok ~ kesok]

ㄴ. 가례 → [karye ~ kare]

ㄷ. 폐단 → [pyedan ~ pedan]


(20)

ㄱ. 봐라 → [pwara ~ para]

ㄴ. 뭐 → [mwə ~ mə]

ㄷ. 붜라(← 부어라) → [pwəra ~ pəra]


(19)~(20)에서 보듯이 '자음-y-모음'이나 '순음-w-모음'의 경우, 일상의 자연스러운 발화에서는 활음 /y/, /w/가 탈락하는 일이 빈번하다. 특히 (21)처럼 '경구개 자음-y-V 연쇄에서는 필수적으로 활음 /y/가 탈락한다.

(21)

ㄱ. 져 → [ʧə]

ㄴ. 쳐 → [ʧʰə]

ㄷ. 쪄 → [ʧ'ə]

하지만 일반 언중들의 경우, 스스로 자신의 발음에서 활음이 탈락했음을 잘 인지하지 못하는 경우가 많다. 즉 자신이 표기상 '계속', '봐라'를 각각 활음이 탈락한 [kesok], [para]라고 발음하면서도, 스스로는 활음이 탈락하지 않은 [kyesok], [pwara]로 발음하고 있다고 생각한다. 특히 (21)의 경우, 실제 표면형에서 활음 /y/가 실현되지 않음에도 불구하고, 대부분의 화자들은 자신의 발음이 활음 /y/가 탈락하지 않은 [ʧʲyə]라고 우기기도 한다. 이는 실제 물리적 사실과 다르게 언중들의 인식에서 '활음-모음'의 연쇄를 하나의 단위로 인식하는 경향이 있다는 것을 말해 준다.

반면 (22)처럼 자음 탈락의 경우에는 탈락한 자음을 명확하게 인식한다.

(22)
ㄱ. 아는, 아시고
ㄴ. 우는, 우시고

(22)에서 /ㄹ/이 탈락했다는 것을 인식하지 못하는 경우는 없다. 즉 /ㄹ/이 음절 종성에 위치하고 있는데, 음절 종성에 대한 인식이 음절 종성 자음의 탈락을 명확히 인식하게 해 주기 때문이다.

(19)~(21)에서도 분절음 탈락이 일어났고, (22)에서도 분절음 탈락이 일어났는데, 이러한 탈락의 인식 정도에 차이가 나는 이유는 무엇인가? (22)에서처럼 종성 자음의 탈락은 자음이 위치해 있던 음절 위치에 대한 인식도 없어진다. 하지만 (19)~(21)의 활음 탈락의 경우 활음 탈락이 음절핵의 내부 구조에는 변화를 유발하지만 음절핵 자체는 변화 없이 그대로 유지된다. 이러한 까닭에 '활음-모음'의 연쇄인 이중모음에서 활음 탈락을 언중들이 상대적으로 인식하지 못하는 경향이 있다고 하겠다. 이러한 사실은 G를 C, V와 함께 음절 위치에 대한 인식적 실재로서 설정할 근거가 없음을 말해 준다.

물론 (19)~(21)에서 활음 탈락을 잘 인지하지 못하는 이유가 표기의 간섭 때문이라고 할 수 있다. 즉 표기가 인식에 간섭을 하는 것이다. 국어의 자모에는 활음을 표기하는 별도의 문자가 없고, 특히 /y/계 상향 이중모음 /ya, yə …/는 하나의 단자모 'ㅑ, ㅕ, …'로 표기되기 때문에 두 개의 분절음 연쇄인 /ya/가 두 개의 분절음으로 명확히 인식되지 못하는 경향도 있다. /w/계 상향 이중모음 /wa, wə …/의 경우에는 'ㅘ, ㅝ …'처럼 두 개의 자모로 표기되기는 하지만, 'ㅘ, ㅝ …'가 표기상 하나의 단위처럼 중성에 오기 때문에 역시 두 개의 분절음 연쇄로 인식하지 못하는 경향이 있다.

활음 탈락을 분명히 인식하지 못한다는 것은 곧 활음의 음절구조상의 위치에 대한 인식 또한 불분명하다는 것을 말해 준다. 한 음절 내에서 모음은 음절핵, 모음 앞의 자음은 초성, 모음 뒤의 자음은 종성이라는 인식은 뚜렷한 반면, 활음의 경우에는 음절 위치에 대한 독립된 인식이 없다. 실제 활음은 중성의 요소로 보아야 하는 특성과, 초성의 요소로 보아야 하는 특성을 동시에 갖고 있다.[6] 이러한 사실 역시 음절 위치에 대한 인식적 실재로 활음을 위해 골격 층렬에 G-마디를 설정할 이유나 근거가 없음을 말해 준다. 이상에서 살펴본 것처럼 분절음 층렬의 활음을 위해 골격 층렬에 G-마디를 설정하는 것은 음운론적으로 어떠한 근거도 찾을 수 없다.[7]

---

[6] 특히 초성의 요소로 해석될 수 있는 특성으로는 'ㅈ-y-V' 연쇄에서 /y/ 탈락, 호격조사 '-아/야'의 교체, 경남 방언에서 'C-y-V' 연쇄의 제약 등을 들 수 있는데, 이와 관련하여는 Ahn (1988), 엄태수(1996), 신승용(1998) 등을 참조할 수 있다.

[7] 활음이 C-마디에 연결되는 분절음이냐, V-마디에 연결되는 분절음이냐, 다시 말해 초성에 연결되느냐 중성에 연결되느냐에 대해서는 음절 이론 내에서도 논란이 있다. Clement & Keyser(1983)는 상향 이중모음의 활음은 CV-층렬의 C-마디에 즉, 초성에 연결되는 요소로 보았다. 이에 비해 Davis & Hammond(1995)에서는 활음 중에서도 /y/와 /w/의 위치를 달리 보았다. 즉 기저에서 /y/는 V-마디에 위치하고, /w/는 C-마디에 위치한다고 보았다. Kaye & Lowenstamm(1984)은 불어를 대상으로 한 음절 안에서 활음이 두 가지 다른 방식으로 통합된다고 보고하고 있다. 즉 경우에 따라서 음절초에 연결되기도 하고, 또 음절핵에 연결되기도 한다는 것이다.

따라서 국어의 음절구조 변화를 말하면서 중세국어에서는 CVGC 구조가 가능했는데, 근대국어 이후 소멸되었다는 식의 기술은 적절하지 않다. C, V, G가 존재하는 층위의 정체성, 그리고 C, V, G의 정체성에 대한 정의 없이 CVC나 CVGC라고 하는 것은 단순히 음운의 통합 관계를 선적으로 나타낸 것에 지나지 않기 때문이다. 다시 말해 CVC, CVGC는 구조가 아니다. 그리고 이는 CV-음운론의 C, V의 개념과도 맞지 않아서, 개념적으로 혼란을 야기할 수 있다.

중세국어에서는 CVGC 구조가 가능했는데, 근대국어 이후 소멸되었다는 기술은 단순히 중세국어에는 '자음-모음-활음-자음'의 음운 연쇄가 있었지만, 근대국어 이후에는 이러한 음운 연쇄가 소멸되었다는 말과 같다. 달리 표현하면 하향 이중모음이 중세국어에는 있었는데, 근대국어 이후에 소멸되었다는 것을 달리 표현한 것에 지나지 않는다. 이때의 CVGC는 음운의 연쇄이지 음절구조와 관련된 것이 아니기 때문이다. 음절의 관점에서 단모음, 상향 이중모음, 하향 이중모음은 모두 골격 층렬의 V-마디 즉, 음절핵에 연결된다는 점에서 같다. 음절핵에는 모음이 올 수도 있고, '활음-모음'의 상향 이중모음이 올 수도 있고, '모음-활음'의 하향 이중모음이 올 수도 있다. 단모음과 상향 이중모음, 하향 이중모음이 각기 다른 것은 분절음 층렬에서이고, 골격 층렬에서는 모두 V-마디에 연결된다는 점에서 그 성격이 같다.

## 2. 훈민정음의 음절 분석

　국어의 음절 및 음절구조에 대한 국어사적 연구의 출발점은 훈민정음에서부터이다. 그 이전은 물론이고 근대국어에도 음절이나 음절구조와 관련된 직접적인 기술이나 설명이 있는 자료를 찾을 수 없다. 그런 점에서 훈민정음은 국어의 음절에 대한 국어사적 연구에서 가장 중요하고 핵심적인 자료이다. 뿐만 아니라 훈민정음은 현대국어에서 음절을 연구하는 데 있어서도 반드시 참고해야 하는 자료이다. 훈민정음은 제자의 창제 원리를 설명해 놓은 책이지만, 15세기 국어의 음운론 이론서의 성격도 있다. 그것은 15세기 당시의 음성학 및 음운론적 사실에 대한 정치한 분석을 토대로 각각의 소리에 대응하는 문자를 만든 것이기 때문이다. 이때 소리는 기본적으로 15세기 당시에 음운으로 존재하는 것들이고, 부분적으로 음운이 아닌 소리도 포함되었다. 그리고 소리에 대한 분석은 음절을 단위로 해서 이루어졌기 때문에, 훈민정음은 국어의 음절에 대한 최초의 이론서의 성격도 가지고 있다.

　훈민정음 이후에 국어의 음절에 대해 설명한 자료를 찾을 수 없고, 서구의 언어학이 유입된 이후에도 국어의 음절을 음운론적으로 연구한 논의를 찾기는 어렵다. 1.1.에서도 언급했듯이 구조주의 언어학에서 음절은 주로 음성학적인 관점에서 논의되었고, 음운 현상을 설명하기 위한 음운론적 실재로서의 음절에 대한 논의는 본격적으로 이루어지지 않았다. 구조주의 음운론 이후에 등장한 생성 음운론에서도 음절을 음운 기술의 기본 단위로 삼지 않았다. 특히 초기 생성음운론(SPE)[1]에서는 형태소를 음운 기술의 기본 단위로 삼았기 때문에, 음절이라는 단위가 음운 현상을 설명하는 데 필요하지 않은 것으로 설명하기까지 하였다. 초기생성음운론에서는 형태소를 음운 기술 단위로 삼았기 때문에 형태소구조조건(morpheme structure condition)과 음소배열제약을 통해 음운 현상을 충분히 설명할 수 있다고 보았다. 이러한 까닭에 음절이 음운론적 실재로 다루어지지 않았다. 음절이 음운 현상의 설명에 필요하다는 인식은 Hooper(1972)에 와서이다. 이러한 상황은 생성음운론의 영향을 받은 국어 음운론에서도 마찬가지였다.

음절이 음운론적 실재로서, 자립분절 단위로 본격적으로 논의되기 시작한 것은 Kahn(1976)에서부터였고, 음절이 이론적으로 정립된 것은 Clement & Keyser(1983)에서였다고 할 수 있다. 국어 음운론에서 음절이 음운론적 실재로 본격적으로 연구되기 시작한 것도 이러한 흐름과 연동되어 있다. 음절 이론이 국어에 유입되면서 국어 음운론에서도 음절을 주제로 한 음운론 연구들이 나오기 시작하였다.

이러한 흐름에서 훈민정음의 음절에 대한 분석이 다시금 조명되었다. 음절이 음성학적인 실재일 뿐만 아니라 음운론적 실재로서 재인식되면서, 그리고 음운 현상을 설명하는 데 핵심적인 요소로서 주목을 받으면서, 국어학계에서도 90년대 들어 음절이 중요한 주제로 논의되기 시작하였다. 이러한 흐름에서 훈민정음의 음절 분석을 기반으로 한 주체적인 음절

---

1 일반적으로 SPE(Sound Pattern of English)를 초기 생성음운론, Vennemann(1971), Hooper (1976) 이후를 후기 생성음운론 또는 자연생성음운론(Natural Generative Phonology)으로 구분한다.

이론을 수립하고자 하는 논의들도 나오게 되었다(강창석 1992, 김무식 1993 등).

그러면 본격적으로 훈민정음에서의 음절 분석과 관련된 내용들을 하나씩 검토해 보기로 하자. 먼저 훈민정음에서는 '初中終合而成字'라 하여 초성, 중성, 종성이 합하여야 글자가 이루어진다고 규정하였다. 여기서 '字'는 문자를 가리키는 동시에 '音'을 가리킨다. '初中終合而成字'라는 기술 속에서 세 가지 사실을 추출해 낼 수 있다.

첫째, 하나의 음(音)을 초성, 중성, 종성으로 분절하여 분석하였다.
둘째, 그렇게 초성, 중성, 종성으로 소리를 분석하여 각각 자(字)를 만들었다.
셋째, 그렇게 자(字)를 만들었기 때문에 문자의 모양도 초성, 중성, 종성으로 분절하기 전의 음의 모양 즉, 초성, 중성, 종성을 합한 모양으로 쓰게 하였다.

이처럼 훈민정음 창제가 음절을 단위로 해서 이루어졌고, 그래서 음을 쓰는 방식도 음절 단위로 모아쓰는 표기법을 채택하였다. 그러니까 훈민정음은 표기에서 이미 음절에 대한 고려가 반영되어 있었던 셈이다. 음절 단위로 모아 쓰는 표기 방식은 훈민정음에서부터 현대국어의 〈한글 맞춤법〉에 이르기까지 변화 없이 이어져 오고 있다. 단지 음절 단위로 모아 쓰는 방식에서 시기마다 약간의 차이가 있었을 뿐이다.

훈민정음의 기본자 28자는 초성 17자, 중성 11자이다. 이 기본자 28자를 활용하여 자음은 연서와 병서의 방식을 통해, 그리고 모음은 'ㅣ 相合'과 합용의 방식을 통해 추가로 자를 만들었다. 해례 28자의 자음 17자, 모음 11자는 (1)과 같다. 자음자는 '아설순치후'의 순서로, 모음자는 '기본자-초출자-재출자'[2]의 순서로 배열하였다.

(1)

▸ **자음자**

　　아음: ㄱ ㅋ ㆁ

　　설음: ㄷ ㅌ ㄴ ㄹ

　　순음: ㅂ ㅍ ㅁ

　　치음: ㅅ ㅈ ㅊ △

　　후음: ㅇ ㆆ ㅎ

▸ **모음자**

　　기본자: · ㅡ ㅣ

　　초출자: ㅗ ㅏ ㅜ ㅓ

　　재출자: ㅛ ㅑ ㅠ ㅕ

　　초성을 분석하여 초성에 오는 소리를 나타내는 문자를 만들고, 중성을 분석하여 중성에 오는 소리를 나타내는 문자를 만든 것이다. 종성에 오는 소리 역시 분석하였다. 다만 종성은 '종성은 초성의 자를 다시 쓴다(終聲復用初聲)'고 하면서, 종성을 위한 글자를 따로 만들지 않았을 뿐이다. 이는 음이 음절 단위로 조직화된다는 것과, 음절이 초성-중성-종성의 합으로 구성되어 있다는 것을 정확하게 인식하고 분석하였기 때문에 가능하다. 훈민정음의 자음과 모음의 창제 자체가 이미 음절에 대한 분석을 바탕으로 만들어졌으며, 그 표기법 또한 음절을 단위로 하고 있다는 사실을 다시 한 번 분명히 확인할 수 있는 대목이다.

---

2 훈민정음 해례 제자해에서 재출자를 설명하면서 '起於ㅣ(기어ㅣ)'라고 표현하고 있다. '起於ㅣ'를 음운론적으로 설명하면 /ㅣ/모음에서 출발하는 모음이라는 뜻인데, 현대 음운론으로 설명하면 /y/계 상향 이중모음이다. '起於ㅣ'는 제자 원리에 대한 설명이 아니고, 재출자인 'ㅛ, ㅑ, ㅠ, ㅕ'의 소리의 특성에 대한 설명이다.

음절과 관련된 훈민정음의 기술을 정리하면 아래와 같다. 아래 (2)~(4)는 국어의 음절 및 음절구조에 대한 분석이 토대가 되지 않은 상태에서는 불가능한 기술이다. 초성, 중성, 종성의 순서대로 제시한다.

먼저 (2)는 초성과 관련된 기술 중 일부를 가져온 것이다.


(2)

ㄱ. 正音初聲 則韻書之字母也〈初聲解〉

　　(정음의 초성은 곧 운서의 자모이다.)

ㄴ. ㄱ牙音 如君字初發聲 竝書如虯字初發聲

　　ㅋ牙音如快字初發聲

　　ㆁ牙音如業字初發聲〈例義〉

　　　　　⋮

　　(ㄱ은 어금닛소리로 君(군)자의 초성과 같다. 병서하면 虯(규)자의
　　초성과 같다.

　　ㅋ은 어금닛소리로 快(쾌)자의 초성과 같다.

　　ㆁ은 어금닛소리로 業(업)자의 초성과 같다.)


훈민정음 창제의 기초가 된 것이 중국의 성운학이고, 성운학은 한자음을 성모와 운모로 분석하는 방식이다. (2ㄱ)에서 운서의 자모라고 하는 것은 성운학에서의 성모를 말한다. 훈민정음이 바탕으로 했던 중국의 성운학은 36자모이다. 그래서 36자모의 성모를 활용하여 국어의 초성의 음가를 설명하였다. 그리고 (2ㄴ)에서 보듯이 성운학의 성모를 국어의 음절 초성에 대응시키는 방식으로 국어 자음의 음가를 설명하고 있다. 'ㄱ牙音如君字初發聲'에서 'ㄱ牙音'은 국어의 'ㄱ'자를 말하고, '君字初發聲'에서 '君'이 바로 중국어의 성모를 나타낸다. 이는 중국어의 음절과 국어의 음절, 중국어의 음운과 국어의 음운에 대한 비교·대조 분석이 없이는 불가능하다

는 점에서, 당시 음절에 대한 훈민정음의 언어학적 분석이 상당히 정교한 수준이었음을 확인할 수 있다.

(3)은 중성과 관련된 기술 중 일부를 가져온 것이다.


(3)

ㄱ. ·如吞字中聲

　ᅳ如卽字中聲

　ㅣ如侵字中聲〈例義〉

　　　⋮

　(·는 呑(튼)자 중성이다.

　ᅳ는 卽(즉)자 중성이다.

　ㅣ는 侵(침)자 중성이다.)

ㄴ. 如吞字中聲是·　·居ㅌㄴ之間而爲튼〈中聲解〉

　(呑(탄)자의 중성은 ·이다. ·가 ㅌ과 ㄴ의 사이에 있으면 튼이 된다.)

ㄷ. · ᅳㅗㅜㅛㅠ附書初聲之下

　ㅣㅏㅓㅑㅕ附書於右〈例義〉

　(· ᅳㅗㅜㅛㅠ는 초성의 아래에 붙여 쓰고,

　ㅣㅏㅓㅑㅕ는 초성의 오른쪽에 붙여 쓴다.)

ㄹ. 中聲者 居字韻之中 合初終而成音〈中聲解〉

　(중성은 글자의 소리 가운데에 있어서, 초성과 종성을 합하여 소리를 이룬다.)

ㅁ. 中聲可得成音也〈終聲解〉

　(중성만으로 음을 이룰 수 있다.)


(3ㄱ)은 국어 모음의 음가를 한자음의 운모자를 활용하여 설명하고 있다. 국어에서 모음은 항상 음절의 중성에 위치하고, 중성에 위치하는 모음

은 성운학의 운모에서 입성 운미를 뺀 운모와 대응된다. 그래서 중국어의 운모를 활용하여 국어 모음의 음가를 설명하고 있다. (3ㄴ,ㄷ)은 모음을 음절의 중성에 표기하는 방식에 대한 기술이다. (3ㄴ)은 모음은 초성과 종성 사이에 쓴다는 것을 밝힌 것이고, (3ㄷ)에서는 초성의 오른쪽에 쓰는 자와 초성의 아래쪽에 쓰는 자를 구분하였다.

그리고 (3ㄹ)은 음절에서 중성의 역할을 설명하고 있고, (3ㅁ)은 중성이 음절의 핵이라는 것을 밝히고 있다. 훈민정음에서 중성에 올 수 있는 소리는 모음뿐이다. 따라서 모음이 음절을 구성하는 핵심이라는 것과, 모음이 초성 및 종성의 자음과 합쳐져서 음절을 이룬다는 것을 정확하게 분석했다는 것을 확인할 수 있다. 또한 초성과 종성의 자음이 없이 모음만으로도 음절을 이룰 수 있다는 것과, 모음 없이는 음절을 이루지 못한다는 것을 정확히 분석하고 있었다. 언어에 따라서는 모음이 없이도 자음의 상대적 공명도에 의해 자음만으로 이루어진 음절도 있다. 하지만 국어에서는 음절의 중성에 올 수 있는 소리는 모음뿐이고, 모음이 없이는 음절을 이룰 수 없는데, 이러한 국어의 음절 특성을 정확히 포착하여 기술하고 있는 것이다.

(4)는 종성에 대한 기술 중 일부를 가져온 것이다.

(4)

ㄱ. 終聲復用初聲〈例義〉

　(종성은 초성을 다시 쓴다.)

ㄴ. ㄱ ㆁ ㄷ ㄴ ㅂ ㅁ ㅅ ㄹ 八字可足用也

　如빗곶爲梨花 영의갗爲狐皮而ㅅ字可以通用 故只用ㅅ字〈終聲解〉

　(ㄱ ㆁ ㄷ ㄴ ㅂ ㅁ ㅅ ㄹ 8자면 족히 쓸 수 있다.

　그래서 '빗곶', '영의갗'은 ㅅ자로도 쓸 수 있어서 다만 ㅅ자로 쓴다.)[3]

---

3 즉 '빗곶', '영의갗'을 '빗곳', '엿의 갓'으로 쓸 수 있다. 'ㅅ字可以通用'에 '엿'의 종성 'ㅿ'

ㄷ. 終聲者 承初中而成字韻 如卽字〈終聲解〉

(종성은 초성과 중성을 이어받아서 글자(음절)를 이룬다.)

ㄹ. 且ㅇ聲淡而虛 不必用於終 中聲可得成音也〈終聲解〉

(또한 ㅇ은 소리가 맑고 비어서 종성에 반드시 필요하지 않고, 중성
만으로 음을 이룰 수 있다.)


　(4ㄱ)은 종성의 자는 초성을 다시 쓴다고 하였고, (4ㄴ)은 종성에 8자만
쓴다고 하였다. (4ㄱ)과 (4ㄴ)은 둘 다 종성의 표기에 대해 언급한 것인데,
(4ㄱ)과 (4ㄴ)의 기술이 일치하지 않는 것처럼 보인다. 그런데 음절의 관점
에서 보면, (4ㄱ)은 음절구조제약을 반영하지 않은 것에 대한 진술이고, (4
ㄴ)은 음절구조제약을 반영한 것에 대한 진술로 서로 차원이 다르다. 즉 (4
ㄱ)은 종성의 자음을 표면형으로 발화되기 전의 기저 음운으로 밝혀서 적
는 표기에 대해 말한 것이고, (4ㄴ)은 종성의 자음을 표면형대로 즉, 소리
대로 적는 표기에 대해 말한 것이다. 그래서 (4ㄴ)을 통해 중세국어 당시
에 종성의 발음과 관련된 음절구조제약의 내용, 즉 표면형에서 종성에 8
개의 자음이 실현되었다는 것을 확인할 수 있다.
　(4ㄱ)과 (4ㄴ)의 기술은 각각 당시에 발화되기 전의 음절과, 발화했을 때
의 음절에 대한 것이다. (4ㄱ)은 기저형에서의 종성의 표기이고, (4ㄴ)은
표면형에서의 종성의 표기이다. 그러니까 당시의 학자들이 종성 자음이
뒤에 모음이 올 때, 그리고 종성에 그대로 있거나 뒤에 자음이 올 때 어떻
게 실현되는지를 정확하게 파악하고 있었다는 것을 알 수 있다. 특히 (4ㄴ)
은 음절말 자음이 불파되는 국어의 음절구조제약을 정확히 인식하고 있
었다는 것을 말해 준다.
　(4ㄷ)은 기본적으로 하나의 음절은 '초성-중성-종성'의 구조로 이루어진

---

도 포함되느냐 아니냐에 대해 이견이 있기는 하다.

46

다는 인식 하에 종성의 성격을 밝힌 것이다. (4ㄷ)에서 '成字'라고 하였지만, 이때의 '字'는 단순히 문자만을 의미하는 것이 아니라 '音'을 의미하는 것이기도 하다. 훈민정음에서 '字'는 문자만을 가리킬 때도 있지만, 소리를 가리킬 때도 있고, 둘을 엄격히 구분하지 않고 쓰인 경우도 있다. 여기서는 초성과 중성을 이어받아서 자를 이룬다고 하였으므로 '成字'는 문자이면서 동시에 음절을 말한 것이다.

그리고 (4ㄹ) 음은 '초성-중성-종성'의 구조로 이루어지지만, 종성이 없이도 음절을 이룰 수 있다는 것을 다시 한 번 언급한 것이다. 이는 물리적인 '音' 즉, 음절에 대한 인식과, '音'을 표기하는 '字'의 차이를 구분하고 있음을 보여 준다. 그래서 글자의 모양을 갖추기 위해, 종성이 없는 음절임에도 굳이 종성에 표기상 'ㅇ'을 쓸 필요가 없음을 밝힌 것이다.

(4ㄹ)은 동국정운식 한자음의 음절과 국어의 음절이 다름을 인식하고 있었고, 그래서 국어의 음절이 동국정운식 한자음과 다르다는 것을 밝혀준 것이다. 동국정운식 한자음 표기에는 당시 현실 한자음에서는 종성이 없는 한자음에도 반드시 'ㅇ'를 종성에 표기하였다.

(5) 世솅宗종御엉製졩訓훈民민正졍音흠

(5)는 훈민정음 언해본에서의 동국정운식 한자음 표기이다. 여기서 '솅종엉졩훈민정흠'이 바로 '世宗御製訓民正音'의 동국정운식 한자음이다. 15세기 당시 현실 한자음은 '세종어제훈민정음'이다. (5)에서 보듯이 당시 현실 한자음으로는 '世[세]', '御製[어제]'였지만, 동국정운식 한자음에는 종성이 없는 (C)V 음절에 반드시 후음의 불청불탁자 'ㅇ'을 넣어 '솅', '엉졩'으로 표기하였다.

그래서 (4ㄹ)에서 'ㅇ'이 종성에 반드시 필요하지 않다는 것은 국어의 음절을 대상으로 한 분석이다. 중성만으로 음을 이룰 수 있다고 하였으므로,

이는 음절에서 종성이 반드시 필요하지 않다는 것과, 또 음절을 이루는 핵심은 중성이라는 것을 밝힌 것이다. 초성의 유무가 음절을 이루는 데 관여적인지에 대한 기술은 없지만, 중성만으로 음을 이룰 수 있다는 것은 초성의 유무가 음절을 이루는 데 관여적이지 않음을 내포하고 있다.

앞서 언급했듯이 훈민정음 창제의 이론적 바탕은 중국의 성운학이었다. 중국 성운학은 기본적으로 음절을 성모와 운모로 분석하여 이를 바탕으로 만들어진 것이다. 그래서 훈민정음의 제자가 국어의 음절 및 음절구조에 대한 분석에 기반한 것은 성운학의 영향이었을 것으로 추정할 수 있다. 그러나 중요한 것은 중국의 성운학을 그대로 차용한 것이 아니라, 성운학의 음절에 대한 분석을 수용하여 국어의 음절을 분석하였다는 사실이다. 이렇게 국어의 음절을 분석하여 초성에 오는 음운과 중성에 오는 음운을 찾아내고, 각 음운에 字를 대응시켜 28자를 만들었다.

만일 훈민정음에서 중국의 성운학의 음절 분석을 그대로 차용했다면, 훈민정음에서의 음절 분석 역시 2분법이었을 것이다. 하지만 지금까지 살펴본 것처럼 훈민정음의 음절 분석은 '초성-중성-종성'의 3분법이었다. 이는 훈민정음이 중국의 성운학을 단순 차용한 것이 아니라, 성운학의 음절 분석법을 수용하여 국어의 음절을 분석하였다는 것을 증언한다.

중국의 성운학은 음절을 먼저 성모(聲母)와 운모(韻母)로 나누는 이분법이었다. 운모는 다시 운두(韻頭), 운복(韻腹), 운미(韻尾)로 나뉜다.

(6)

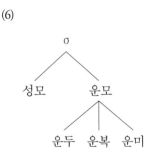

즉 당시 성운학의 음절 분석법은 현대 언어학의 음절 이론으로 보면, 우분지 구조의 음절구조이다. 그러나 국어의 음절구조는 우분지 구조의 특징을 보이지 않는다. 이러한 사실을 당시 훈민정음에서 정확히 파악하여 국어의 음절을 초성, 중성, 종성이 대등하게 연결되는 삼지적 음절구조로 분석하였다. 1.2.에서 살펴본 것처럼 현대국어의 음절구조와 관련하여 우분지 구조라는 주장, 좌분지 구조라는 주장이 있지만, 우분지 구조라든가 좌분지 구조라는 언어 내적 증거가 제시되지는 못했다. 우분지 구조인 증거도 있고, 좌분지 구조인 증거도 있다는 것은 삼지적 구조라는 것을 방증하는 것이기도 하다.

훈민정음에서 분석한 15세기 당시의 국어의 음절구조는 (7)의 삼지적 구조이다.

(7)

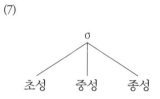

(6)의 음절과 (7)의 음절은 구조적으로 차이가 크다. (7)의 음절구조에서는 초성과 종성이 중성과 같은 위계에서 중성을 중심으로 좌우에 위치하는 구조이다. 하지만 (6)의 구조에서는 성모와 운모가 같은 위계에 위치하고, 운모의 하위에 중성(운두와 운복) 종성(운미)이 위치하는 계층적 구조이다.

/pyək/이라는 음절을 예를 들어 보자. 중국의 성운학에서 [pyək]의 음절구조는 (8)과 같다. 즉 [p]가 성모이고, [yək]이 운모이다. 운모에 해당하는 [yək]은 다시 [y]가 운두, [ə]가 운복, [k]가 운미이다. 15세기 당시 중국어의 한자음에는 이미 /p/, /t/, /k/ 입성 운미가 소멸되어 [pyək]과 같은 음절이

존재하지는 않는데, 여기서는 국어와의 비교를 위해 논의의 편의상 /k/ 입성 운미가 있는 음절을 예로 들었다.

(8) 성운학에서 [pyək]의 음절구조

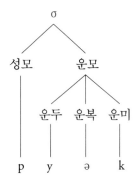

반면 훈민정음의 음절에서 '벽[pyək]'의 음절구조는 (9)와 같다.

(9) 훈민정음에서 '벽[pyək]'의 음절구조

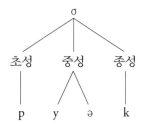

(8)과 (9)의 비교에서 보듯이, 동일한 음인 [pyək]의 음절구조는 중국어와 국어가 달랐다. 훈민정음은 이러한 차이를 인식하고, 성운학의 음절 분석법이 아닌 국어의 음절을 분석하기 위한 음절 이론을 수립하여 국어의 음절을 분석한 것이다.

국어의 음절을 '초성-중성-종성'이 같은 위계에 위치하는 삼지적 구조로 분석한 것은 훈민정음의 기술 여기저기에서 명확히 나타난다.

(10)

ㄱ. 凡字必合而成音〈例義〉

(무릇 글자는 반드시 (초·중·종성이) 어울려야 소리를 이룬다.)

ㄴ. 初中終三聲 合而成字〈合字解〉

(초성, 중성, 종성 삼성이 어울려야 글자를 이룬다.)

ㄷ. 初聲有發動之義 天之事也

終聲有止定之義 地之事也

中聲承初之生 接終之成 人之事也

盖字韻之要 在於中聲 初終合而成音〈制字解〉

(초성은 펴서 움직이게 하는 뜻이 있으니, 하늘의 일이다.

종성은 멎어서 정하게 하는 뜻이 있으니 땅의 일이다.

중성은 초성의 펴서 움직임을 이어서 종성이 이루어지도록 대어주

니, 사람의 일이다.

무릇 자의 요체는 중성에 있고, 중성이 초성, 종성과 합해서 소리를

이룬다.)

(10ㄱ)에서 '合而成音'에서 '合'의 주어는 '초성, 중성, 종성'의 3성을 말한
다. 그리고 (10ㄴ)의 역시 같은 맥락의 기술이다. (10ㄱ)에서는 '成音'이라
고 하였고, (10ㄴ)에서는 '成字'라고 하였는데, 앞에서도 언급했듯이 훈민
정음에서 '音'과 '字'는 구분되기도 하지만 '音'과 '字'가 구분되지 않는 경우
도 많다. 그것은 音을 분석하여 字를 만들었기 때문에 당연한 결과라고 할
수 있다. 즉 音을 초성, 중성, 종성으로 나누고, 초성에 오는 소리를 나타내
는 字를 만들고, 중성에 오는 소리를 나타내는 字를 만들었다. 그렇게 만
든 字로 그 音을 나타낸 것이므로 音이 곧 字이고, 字가 곧 音이기도 한 것

이다.

(10ㄷ)에서는 초성의 성격과 종성의 성격 및 중성의 성격에 대해서 언급하면서, 국어의 음절구조가 중성을 중심으로 초성과 종성이 합쳐진 구조라는 것을 기술하고 있다. 중성을 중심으로 초성과 종성이 합쳐진다고 하였으니까, 성운학의 음절구조와 같은 계층적 음절구조를 상정할 수 없다. 초성, 중성, 종성이 같은 위계에 있으면서, 다만 음절의 핵심은 중성임을 밝힌 것이다.

참고로 문자의 유형으로 보면 훈민정음의 자모는 음소 문자에 해당한다. 음운을 분석하고, 각각의 음운에 대응하는 문자를 만든 것이므로, 전형적인 음소 문자이다. 문자의 유형은 음소 문자임에도 불구하고, 표기 방식은 로마자처럼 음소를 선형적으로 결합시키는 방식이 아니라, 음절 단위로 모아쓰는 표기법을 채택하였다. 그 이유와 관련된 기술이 훈민정음에는 전혀 없다. 그래서 현재로서는 그 이유를 추론해서 말할 수밖에 없다.

훈민정음에서 소리의 표기를 음절 단위로 모아쓰기를 한 것과 관련하여 김주필(1999:45)은 한자 사용의 전통과, 한자 사용으로 인해 생긴 음절 인식에서 그 이유를 찾았다. 즉 국어의 음절과 상이한 한자를 들여와 씀으로써 한자음의 음절과 국어의 음절이 같지 않게 되었고, 그로 인해 생긴 문제점을 해결하기 위해 국어의 음절에 관심을 기울인 결과로 해석하였다.

그런데 훈민정음의 창제 동기가 일차적으로는 우리말을 쉽게 표기하기 위한 것이고, 그 다음으로 한자음을 바로 잡아 이를 교육하기 위한 필요성에 의해 창제되었다는 것을 부정하지 않는다면, 한자음의 음절과 국어의 음절이 다름으로 인해 생긴 문제점을 해결하기 위한 것이라는 해석은 선뜻 동의하기 어렵다. 무엇보다 한자음의 음절과 국어의 음절이 다름으로 인해 생긴 문제점이 무엇인지에 대한 설명이 김주필(1999)에 없기 때문에 그 문제점을 추론하는 것도 사실은 어렵기도 하다.

세종은 중국어의 음절구조와 국어의 음절구조가 다르다는 것을 명확히 인식하고서 훈민정음을 창제하였다. 만일 국어의 음절구조가 중국어의 음절구조와 다르다는 것을 인식하지 못하고, 문자를 창제하였다면 성모자와 운모자의 형식으로 즉 초성자 그리고 중·종성자와 같은 방식으로 문자가 만들어졌을 수 있을 것이다. 그러니까 한자음의 음절과 국어의 음절이 같지 않음에 대한 인식과 음절 단위로 모아쓰기를 한 것 사이에서 연관성을 찾는 것은 개연성이 부족한 해석이라고 하겠다. 또한 한자 사용의 전통과 음절 단위로 모아쓰기를 했다는 것 사이에도 관련성이 없다. 한자가 음절 문자이므로 국어도 음절 단위로 모아쓰기를 했을 것이라는 추론이라면, 그것은 모아쓰기 방식이 아니라 현재 KSC 완성형 코드처럼 음절 단위로 문자를 만드는 방식이어야 했을 것이다. 그러니까 한자 사용의 전통에서 음절 단위로 모아쓰기의 이유를 찾는 것은 인과성이 부족하다.

훈민정음이 모아쓰기를 한 까닭은 훈민정음의 창제 과정 자체에서 찾는 것이 맞을 것이다. 훈민정음의 문자 창제 과정이 음절을 초성-중성-종성으로 분석하고, 초성 위치에서 나는 소리에 문자를 대당하고, 중성 위치에 나는 소리에 문자를 대당하는 방식으로 이루어졌다. 각각의 소리에 문자를 대당시키는 방식으로 문자를 창제하였기 때문에 그렇게 만들어진 문자가 음소 문자가 되는 것은 자연스럽다. 그리고 문자 창제의 출발점이 음절이고, 음절을 분절하여 음절을 구성하는 소리를 나타내는 문자를 만들었으므로, 소리의 표기도 문자 창제의 분석 대상이 된 음절 단위가 되는 것이 자연스러웠을 것이다.

# 3. 고대국어 연구 방법과 음절구조 연구의 제약

국어사의 시대 구분이 학자에 따라 달라서 고대국어라고 할 때 고대국어의 시기도 통일되어 있지 않다. 이기문(1972a)의 시대 구분에서 고대국어는 고려 건국 이전까지이지만, 박병채(1971)에서 고대국어는 훈민정음 창제 이전까지이다. 이처럼 국어사의 시대 구분이 학자들마다 달라서 고대국어라고 할 때 고대국어가 어느 시기인지를 밝혀야 하는 상황이다.

훈민정음이 창제되기 이전의 국어사 자료는 모두 한자의 음(音)과 훈(訓)을 빌려서 우리말을 표기한 차자 표기 자료이다. 물론 미시적으로 들여다 보면 차자 표기 자료를 다시 구분할 수도 있다. 이두 자료도 있고, 구결 자료도 있고, 향찰 자료도 있다. 이두 자료는 시기마다 약간씩 차이가 있다. 또한 구결 자료도 석독 구결 자료와 음독 구결 자료가 다르다. 이처럼 차자 표기 자료라고 해서 다 같은 차자 표기 자료는 아니다. 하지만 큰 틀에서 보면 이들은 모두 한자의 음과 훈을 빌려서 우리말을 표기했다는 점에서 같다는 말이다.

이두나 구결 자료에서 당시 국어의 모습을 연구할 수는 있다. 형태사 차원에서 단어나 어미, 조사와 같은 형태소 단위의 연구는 차자 표기 자료를 통해서도 어느 정도 그 실상을 파악할 수 있다. 그러나 음운사나 통사사를 차자 표기 자료를 통해 밝히는 것에는 한계가 있다. 국어사의 실상을 제대로 파악할 수 있는 것은 훈민정음 창제 이후 언문으로 기록한 자료들을 통해서이다.

고대국어를 연구하는 방법론 중의 하나가 내적 재구이다. 음운사에서 내적 재구의 출발점은 15세기 국어이다. 즉 훈민정음이 창제된 이후 우리말로 적은 문헌자료에서 확인할 수 있는 음운론적 사실을 기반으로 훈민정음 창제 이전의 언어의 모습을 추론하는 것이다. 그래서 내적 재구라는 관점에서 보면 훈민정음 창제 이전과 이후가 중요한 분기점이다. 이기문 (1972a)의 시대 구분에서는 고려 건국이 고대국어와 중세국어의 기점이다. 그래서 이기문(1972a)의 시대 구분을 따를 경우에는,『삼국사기』,『삼국유사』에 한자를 빌려서 표기된 지명, 인명, 관직명의 고유어 어휘, 그리고『삼국유사』,『균여전』에 실린 향가 25수는 고대국어 자료이다. 반면『향학구급방』,『朝鮮館譯語』에서 한자를 빌려서 표기된 고유어 어휘 자료 그리고, 고려 시대 구결 자료인『瑜伽師地論』(11세기)과『구역인왕경』, 고려 시대 이두 자료인『大明律直解』등은 전기 중세국어 자료이다. 그런데 고대국어 자료나 전기 중세국어 자료나 한자의 음과 훈을 빌려서 우리말을 표기한 차자 표기 자료라는 점에서는 같다. 물론 차자 표기의 특성이 같다고 할 수는 없지만, 그렇다고 그 다름이 국어사의 시대 구분을 가를 정도로 다르지는 않다. 그래서 자료의 특성이라는 측면에서 본다면, 이기문(1972a)의 시대 구분에서 고대국어나 전기 중세국어는 큰 차이가 없다.

이기문(1972a)의 고대국어와 전기 중세국어의 구분은 언어적 차이에 따른 구분이 아니라 정치적 사건에 따른 구분이다. 훈민정음 창제 이전 시기의 국어의 실상을 파악하는 데 한계가 있는 현실에서, 시대를 가를 만한 실증적인 언어 내적 증거 없이 시대를 구분하는 것이 연구사적으로 큰 의미는 없다고 할 것이다. 그래서 여기서는 훈민정음 창제 이후 한글로 기록된 자료를 통해 음운론적 사실을 파악할 수 있는 시기와, 훈민정음 창제 이전의 차자 표기 자료를 통해 음운론적 사실을 추론해야 하는 시기로 대별해서 기술할 것이다.

음운사 연구에서 내적 재구의 출발점은 15세기 국어이다. 그렇기에 내적 재구를 통해 고대국어의 자음 체계나 모음 체계를 규명할 수는 없다. 내적 재구를 통해 고대국어의 특정 음운을 재구하는 것까지는 가능하지만, 음운 체계를 재구하는 것은 현실적으로 불가능하다. 음운 체계를 재구하려면, 실제 어느 정도는 당대의 음운을 파악할 수 있는 자료가 필요하다. 하지만 훈민정음 이전에 우리말의 음운 체계를 재구하기에는 자료의 면에서 한계가 있다.

이는 음절의 경우에도 마찬가지이다. 내적 재구를 통해 고대국어의 음절구조를 규명하는 것은 방법론적으로 한계가 있다. 음절구조를 재구하려면 어휘의 형태를 재구해야 한다. 그런데 재구의 출발점이 15세기 국어이고, 15세기 국어의 음절구조는 폐음절 구조이다. 그러니까 폐음절 구조인 15세기 국어의 음절구조를 출발점으로 고대국어의 어휘를 재구하게 되면 당연히 폐음절 구조의 형태가 재구되지 않을 수 없다. 처음부터 15세기 국어의 폐음절 구조가 아니라고 전제하고서 어휘의 형태를 재구할 때에만, 15세기 국어와 같은 음절구조로 해석되지 않을 수 있게 어휘 형태를 재구할 수 있다.


## 3.1. 내적 재구에 의한 음절구조 연구와 제약

앞서 1.2.에서 음절구조가 세 가지 다른 개념으로 사용된다고 언급한 바 있다. 여기 3장에서 다루는 음절구조는 1.2.에서 언급했던 세 가지 음절구조 중에서 (13ㅂ)의 음절구조이다. 즉 폐음절 구조, 개음절 구조라고 할 때의 음절구조이다.

국어사에서 훈민정음 창제 이전의 국어의 모습에 대한 연구 방법은 내적 재구와 비교 방법이다. 훈민정음 창제 이전의 국어의 모습을 연구할 수 있는 자료가 모두 한자를 빌려서 표기한 자료이므로, 국어의 모습을 연구하기 위해서는 먼저 차자 표기에 대한 재구가 선행되어야 한다. 비교 방법으로 연구한다 하더라도 자료가 차자 표기이므로 차자 표기에 대한 재구가 선행되어야 비교가 가능해진다. 그래서 훈민정음 창제 이전의 국어사는 기본적으로 내적 재구를 통해서 이루어진다고 할 수 있다. 내적 재구의 정의 한두 가지를 소개하면 (1)과 같다.

(1)
가) 언어의 공시적 기술에서 이용할 수 있는 자료를 바탕으로 해당 언어의 역사의 한 부분을 추정하는 연구 절차(Chafe 1959:85~86).
나) 어떤 공시적 상태가 보여 주는 암시에 근거하여 그 이전의 상태를 재구하는 방법(이기문 1972a:4).
다) 공시적인 형태론적 교체만을 유일한 증거로 하여 통시적인 음운 규칙들을 재구하는 과정(Bynon 1977:90). 공시적으로 출현하는 하나의 특정한 형태론적 교체에서부터 출발하며, 여기서 과거에 이러한 변하를 야기했던 음운론적 변화와 그 변화가 일어나는 조건 요인들을 이끌어 낸다.

정리하면, 내적 재구는 첫째, 객관적이고 구체적으로 확인 가능한 시기의 언어적 사실을 기반으로 하여, 둘째, 자료가 없거나 자료가 제약된 앞선 시기의 언어 상태를 규명하는 연구 방법으로 정리할 수 있다.

Cahfe(1959)는 내적 재구 방법을 통해 언어의 역사를 연구하는 경우와 관련하여 다음의 세 가지를 제시하였다.

(2)

ㄱ. 기록된 역사가 없을 때

ㄴ. 조어(造語)는 알 수 있을지라도 조어에서 변화한 상세한 언어사를
  재구하려고 할 때

ㄷ. 조어의 선사(先史)를 재구하고자 할 때

훈민정음 창제 이전 시기의 음절구조를 직접적으로 알 수 있는 자료는
존재하지 않는다. 그러므로 훈민정음 창제 이전 시기의 음절구조를 추정
하는 작업은 내적 재구의 방법을 통해 이루어질 수밖에 없다. 이때 내적
재구의 출발점은 훈민정음 창제 이후 한글로 기록된 15세기 문헌자료에
서 파악된 음절구조에 대한 사실이다.

음절은 음운 연쇄가 발화 단위로 조직되는 것이므로, 음절구조에 대한
분석 역시 실제 발화형을 대상으로 분석하는 것이 맞다. 그러나 실제 발화
형을 대상으로 할 수 없는 시기의 언어에서 음절 및 음절구조에 대한 연구
는 표기를 대상으로 할 수밖에 없다. 15세기 문헌자료의 표기법이 소리대
로 적는 것을 주된 방식으로 하고 있다는 점에서 표기를 통해서 당시의 음
절 및 음절구조를 분석하는 데 무리가 없다.

그러나 훈민정음 창제 이전의 기록된 자료는 한자를 빌려서 표기한 차
자 표기 자료들이고, 그래서 이러한 차자 표기 자료를 통해서는 당시의 음
운론적 사실을 밝혀내는 작업도 어렵다. 당장 음운 체계를 밝히려고 해도
최소대립어를 확인해야 하는데, 한정된 차자 표기 자료를 통해서는 최소
대립어를 확인하기도 쉽지 않기 때문이다. 이러한 상황에서 음절구조에
대한 연구는 더 큰 근본적인 제약을 안고 시작할 수밖에 없다. 실제 발화
형 즉, 표면형을 확인할 수 있어야 하는데, 한자를 빌려서 표기한 자료를
통해서는 표면형조차 확증하기 어렵다. 표면형을 확증할 수 없는 상황에
서 음절구조를 운운하기가 쉽지 않다.

특히 한자음에는 초성 자음군이나 종성 자음군을 가진 음절 자체가 존재하지 않는다. 또한 한자음은 운모의 운미 자음의 종류 역시 국어에 비하면 제한적이다. 한자음 입성에는 존재하지 않는, 국어의 종성 자음을 나타내기 위해 한자 한 자를 별도로 사용하는 말음 첨기 같은 보완적인 표기 방식도 있었다. 하지만 한자의 경우 초성과 종성에 자음군을 가진 한자음이 존재하지 않기 때문에, 실제 차자 표기 자료를 통해서 국어의 초성과 종성에서의 음절의 실상이 어떠했는지를 고찰하는 데는 구조적으로 한계가 있다. 만일 당시의 국어의 음절구조가 초성이나 종성에 자음군을 허용하였다 하더라도, 차자 표기를 통해서 이를 표기하는 것은 한계가 있었을 수밖에 없다. 실제 현재까지 차자 표기 자료에서 초성 자음군이나 종성 자음군을 재구한 예는 없다. 이는 당시에 초성 자음군이나 종성 자음군이 없었기 때문일 수도 있지만, 실제로 있었다 하더라도 이를 나타내지 못했기 때문이었을 수도 있다. 상황이 이러하기 때문에 한자를 빌려서 우리말을 표기한 자료를 통해 음절구조를 파악하는 것은 그만큼 어렵고 또 한계가 있는 작업이다.

고려 시대의 이두나 구결 자료 중에는 훈민정음 창제 이후에 편찬된 언해 자료와의 직접적인 비교·대조를 통해 한자의 음과 훈을 빌려서 표기한 우리말이 무엇인지를 어느 정도까지는 해독해 낼 수 있다.

(3)의 왼쪽은 『능엄경』이고, 오른쪽은 『능엄경언해』이다. (3)에서 보듯이 『능엄경』의 구결자와 『능엄경언해』의 언해 자료를 비교·대조함으로써 구결자를 해독할 수 있다. 이렇게 해독된 구결의 음절구조는 당연히 15세기 국어의 음절구조와 같을 수밖에 없다.

음절구조와 관련해서 볼 때 이두나 구결 표기를 통해서 분석되는 음절구조는 이미 15세기 국어의 음절구조와 같다고 보아야 한다. 이두나 구결 표기를 언해한 것인데, 언해가 이루어진 시기의 음절구조와 이두나 구결로 표기된 시기의 음절구조가 다르다고 가정할 어떠한 이유도 없기 때문이다.

(3)[1]

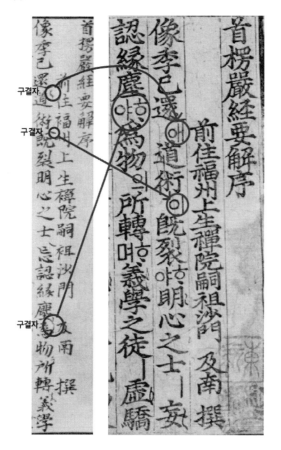

그래서 고려 시대 국어의 음절구조는 이미 15세기 국어의 음절구조와 다
르지 않았다고 보아야 한다.

따라서 국어의 음절구조와 관련하여 문제가 되는 시기는 삼국 시대 이
전의 국어이다. 국어사의 시대 구분이 학자에 따라 차이가 있지만, 삼국
시대는 공통적으로 고대국어에 해당한다.

---

1 신승용 · 안윤주(2020:395)에서 인용.

차자 표기에서 확인할 수 있는 국어 자료는 어휘 차원이다. 차자 표기에서 비교적 분명하게 당시의 어형을 재구할 수 있는 경우는 동일한 어휘를 '훈차자 : 음차자'의 대응으로 표기한 경우이다. 이 경우는 15세기 자료의 한자의 음과 훈을 토대로 음차자에 대한 재구가 비교적 용이하게 이루질 수 있다.[2] 그리고 하나의 동일한 단어를 다른 한자를 가지고 직음식(直音式)으로 표음한 '음차자 : 음차자' 대응 예의 경우도 비교적 재구가 용이하다. 이러한 이표기의 상호 비교를 통해 무엇을 표기하려고 하였는지 그 대상을 추정해 볼 수 있다(강신항, 1990:14). '음차자 : 훈차자' 대응, '음차자 : 음차자' 대응 두 경우 모두 음차자의 재구를 위해서는 해당 字가 기록된 당시의 한국 한자음에 대한 규명이 필요하다. 그리고 이를 위해서는 당시의 중국 한자음과의 비교 역시 함께 고려되어야 한다.

이처럼 음차자의 경우에는 기록된 당시의 한국 한자음을 재구해야 한다. 이를 위해서는 필수적으로 당시 중국 한자음도 참고해야 한다. 그런데 우리나라 삼국시대의 한자음 재구를 위해 참고하는, 같은 시기의 중국 한자음도 실증적인 것이 아니라 재구음이다. 삼국 시대에 대응되는 중국 한자음은 중고음 시기인데, 중고음의 재구음이 학자들마다 차이가 있다. 국어학계에서 많이 참고하는 중국 중고음은 Karlgren(1926), 王力(1985), 董同和(1968), 羅常培(1933) 등의 재구음이다.

그런데 한국 한자음의 유입 시기와 관련해서도 의견이 일치하지 않는다. 차자 표기의 음차자를 재구하려면, 한자음이 유입된 시기가 언제이냐가 중요하다. 그런데 한자음 유입 시기에 대한 추정이 다르다면, 재구된 음차자의 음 역시 다를 가능성이 있다. 중국 한자음의 재구음도 학자들마다 다른데, 여기에 더하여 한자음이 유입된 시기에 대해서도 견해가 다르

---

2 이때 각 훈차자의 해독은 15세기 국어 어휘를 토대로 내적 재구를 통해 추정할 수밖에 없으며, 이와 함께 보완적으로 15세기 국어와 현대국어 방언 어휘, 그리고 현대국어 방언간의 어휘 비교 비교를 통한 내적 재구가 이용될 수 있다.

기 때문에 차자 표기의 재구음이 학자들마다 차이가 있는 것은 당연한 결과이다.

국어 한자음 유입 시기와 관련하여 몇 논의를 소개하면 (4)와 같다.

(4)
- ▸ 상고음설 : 리득춘(1985), 권인한(2002)
- ▸ 수당초 절운계의 북방 중원음설 : 박병채(1971)
- ▸ 절운 체계의 중고음설 : 최희수(1986), 이윤동(1997), 이돈주(1995)[3]
- ▸ 당나라 시대 장안음설 : 河野六郎(1968), 이기문(1972a)

차자 표기에서 음차자의 음은 한자음 유입 시기 당시의 중국 한자음의 재구음과, 15세기 국어 한자음 등을 참고하여 재구하게 된다. 이렇게 재구된 한자음을 통해 고대국어의 음절구조가 어떠했는지를 규명하는 것이 지금까지는 방법이었다.

고대국어 차자 표기 자료는 대부분 어휘 차원이다. 그래서 재구는 어휘 차원의 형태 재구이다. 형태는 음운의 연쇄이므로 형태 재구와 음운 재구는 직접적으로 연결되어 있다. 형태를 재구하려면 이미 음운론적 사실에 대한 재구가 전제되어 있어야 한다. 당시에 어떤 음소가 있었는지, 즉 음운 재구가 되지 않은 상태에서 음운의 연쇄인 형태에 대한 재구가 제대로 이루어질 수 없기 때문이다.

형태 재구에는 또한 음절구조가 어떠했는지도 이미 전제되어 있어야 한다. 음절구조가 전제되어 있지 않으면 형태 재구도 불가능하기 때문이다. 예컨대 재구된 형태가 CVC라면 이미 폐음절형이 존재했다는 것을 전

---

3 이돈주(1995:33)는 중국의 중고음, 즉 수·당·송대의 한자음으로 추정된다고 하여, 시기 설정 폭이 넓다. 여기서는 일단 중고음설로 분류하였다.

제한 것이다. 만일 폐음절형이 없다고 전제되었다면 CVC형의 형태가 재구될 수 없기 때문이다. 이처럼 음절구조가 전제되어 있지 않은 상태에서 형태 재구가 불가능하다. 그런데 형태가 재구되지 않은 상태에서는 또 음절구조에 대해 말할 수 없다. 자료 이전의 음절구조를 밝히는 작업에서는 이러한 딜레마가 있다.


### 3.2. 비교 방법에 의한 음절구조 재구와 제약

기록된 문헌자료 이전의 언어를 연구하는 또 하나의 방법은 비교 방법이다. 비교 방법은 일반적으로는 공통의 조어를 가진 언어간 비교를 말한다. 언어간 비교를 통해 음소 차원의 재구나 형태소 차원의 재구가 어느 정도 가능하다.

비교 방법에 의한, 문헌자료 이전 시기의 언어에 대한 연구는 두 가지 전제에서 출발한다.

첫째, 비교 방법의 대상이 된 둘 또는 둘 이상의 언어가 계통적으로 같은 언어라는 전제이다. 그래서 계통적으로 전혀 다른 두 언어의 비교를 통한 연구는 비교 방법이 아니다. 계통적으로 공통 조어를 가진 언어간 비교를 통해 기록된 자료 이전의 언어의 모습을 재구할 수 있는데, 이렇게 재구된 언어로부터 어떤 변화가 있었는지를 추적할 수 있다.

둘째, 언어 변화 특히 음운 변화가 규칙적이라는 전제이다. 만일 음운 변화가 불규칙적이고 산발적이라면 계통적으로 동일한 언어라 하더라도 언어간 비교를 통해 변화와 관련된 유의미한 정보를 추적하기 어렵다. 비교 방법이 가능한 이유는 음운 변화가 언어마다 상이한 방향으로 일어나더라도, 그 변화가 규칙적이기 때문에 변화의 출발 지점을 언어간 비교를 통해 밝혀낼 수 있다고 보는 것이다. 그렇게 변화의 출발 지점을 재구하고 나면, 거기에서부터 어떠한 변화가 있었는지를 찾아낼 수 있다.

그런데 고대국어의 음절구조를 밝히는 작업에 비교 방법을 적용하는 것은 어렵다. 현재 국어 음운사에서 논란이 되는 것은 고대국어의 음절 구조가 종성의 자음을 허용하지 않는 개음절 구조였느냐, 아니면 종성의 자음을 허용하는 폐음절 구조였느냐이다. 그런데 비교 방법을 통해 공통 조어의 음절구조를 재구한다 하더라도 그것은 결국 개음절 구조 아니면 폐음절 구조이다. 공통 조어의 음절구조도 개음절 구조와 폐음절 구조 중의 하나이고, 동일 계통의 언어들 역시 개음절 구조이거나 폐음절 구조 중의 하나이다. 그러니까 비교 방법으로 음절구조를 재구하는 것이 특별한 의미를 가지지 못한다. 어차피 둘 중 하나이기 때문이다. 그래서 비교 방법을 통한 고대국어 음절 재구는 유의미한 결과를 얻어 내기 어렵다고 하겠다.

비교 방법이 반드시 다른 언어간의 비교만을 의미하지는 않는다. 동일한 언어 내에서 방언 간의 비교를 통해서도 문헌자료가 없는 앞선 시기의 언어를 추정할 수 있다. 국어사 연구에서 현대국어의 방언은 하나의 언어에서 공간적으로 분화된 것이고, 분화되는 과정에서 각기 다른 변화를 겪어서 방언간의 차이가 발생했다고 전제한다. 그러니까 방언간 비교를 통해 하나의 공통 국어의 모습을 재구할 수 있다.

일반적으로 국어사 연구에서 방언간 분화를 설명하는 출발점은 15세기 국어이다. 이는 현실적인 제약 때문이기도 하다. 15세기 국어 이전의 언어의 모습을 제대로 알 수 없기 때문이다. 그래서 15세기 국어와 현재 방언 간의 비교·대조를 통해 15세기 국어와 차이가 나는 부분을 15세기 국어 이후 해당 방언에서 일어난 변화로 가정한다.

그러나 현재의 각 방언의 모습이 15세기 국어에서 각기 다른 방향으로 분화된 결과라고 단정할 수는 없다. 그렇다고 고대국어의 어느 시기에서 분화된 결과라고 말할 증거도 없다. 즉 현재 각 방언이 분화되기 전, 분화의 출발점이 된 공통 국어의 시기를 확증할 수 있는 방법은 없다. 다만 문헌자료를 통해 국어의 전모를 어느 정도 확인할 수 있는 시기가 15세기 국어이기 때문에, 일반적으로 15세기 국어를 출발점으로 방언의 분화 양상을 설명해 왔을 뿐이다.

그런데 내적 재구와 마찬가지로 비교 연구의 경우에도 연구 방법론적으로 고대국어 음절구조를 개음절 구조로 추정할 근거는 없다. 음운 재구의 경우를 통해 음절구조 재구의 가능성을 생각해 보기로 하자. 음운 재구에서는 기원적으로 동일하였을 것으로 추정되는 어휘가 서로 다른 음운 변화를 겪어 A방언, B방언에서 각각 $\alpha, \beta$의 다른 모습으로 나타날 때 이에 대한 해석의 가능성은 세 가지이다.

(5)

|  | 재구음 |  | A방언 | B방언 |
|---|---|---|---|---|
| ㄱ. | $^{*}\beta$ | 〉 | $\alpha$ $(^{*}\beta \rangle \alpha)$ | $\beta$ |
| ㄴ. | $^{*}\alpha$ | 〉 | $\alpha$ | $\beta$ $(^{*}\alpha \rangle \beta)$ |
| ㄷ. | $^{*}x$ | 〉 | $\alpha$ $(^{*}x \rangle \alpha)$ | $\beta$ $(^{*}x \rangle \beta)$ |

(5ㄱ)은 재구음이 $^{*}\beta$ 이므로 B방언은 변화가 없었고, A방언이 변화를 겪은 경우이다. 반면 (5ㄴ)에서는 A방언은 변화가 없었고, B방언이 변화를 겪었다. 그리고 (5ㄷ)은 A방언, B방언 모두 변화를 겪은 경우이다.

음운 재구와 마찬가지로 음절구조 역시 이러한 방법으로 재구하는 것을 생각해 볼 수 있다. 기원적으로 동일한 어휘였을 것으로 판단되는 어휘의 음절구조가 A방언에서는 CV.CV로, B방언에서는 CVC형으로 나타날 때, 기원적인 음절형은 (6ㄱ)처럼 *CV.CV였을 수도 있고, (6ㄴ)처럼 *CVC였을 수도 있다. 또한 경우에 따라서는 (6ㄷ)과 같은 음절형도 상정 가능하다.

(6)

| | 재구형 | | A 방언 | B 방언 |
|---|---|---|---|---|
| ㄱ. | *CV.CV | 〉 | CV.CV | CVC |
| ㄴ. | *CVC | 〉 | CV.CV | CVC |
| ㄷ. | *CVCC | 〉 | CV.CV | CVC |

(6ㄱ)의 경우 A방언은 변화가 없었고, B방언은 둘째 음절 모음이 탈락하는 변화가 일어났다. 반면 (6ㄴ)의 경우에는 B방언은 변화가 없었고, A방언에서 모음이 첨가되는 변화가 일어났다. 그리고 (6ㄷ)의 경우에는 A방언, B방언 둘 다 변화가 있었다. A방언은 CC 사이에 모음 삽입이 일어났고, B방언에서는 CC 중 하나가 탈락하는 변화가 일어났다. (6)처럼 특정 어휘의 음절형이 방언마다 차이가 있을 경우, 해당 어휘의 기원적인 음절형을 재구하는 것은 가능하다.

그러나 이러한 방법으로도 앞선 시기의 음절구조가 무엇인지를 밝히는 것은 불가능하다. 왜냐하면 특정 몇몇 어휘의 방언간 비교를 통해서 이들 어휘의 기원적인 음절형이 (6ㄱ)의 CV.CV였다는 것을 밝혀냈다고 하자. 그러나 그것은 해당 어휘에 한정된 사실일 뿐, 그것이 앞선 시기 국어의 음절구조가 개음절 구조였다든지 폐음절 구조였다든지에 대해서 어떠한 단서를 제공해 주는 것은 아니다. 즉 특정 어휘의 앞선 시기 음절형이 CV.CV로 재구된다는 것과, 앞선 시기 국어의 음절구조가 CV의 개음절 구조였다는 것 사이에는 직접적인 인과관계가 성립하지 않는다. 평행하게 재구된 음절형이 (6ㄴ)의 CVC, (6ㄷ)의 CVCC였다고 하더라도 이를 근거로 고대국어의 음절구조 자체가 폐음절 구조였다고 확증할 수 없다. 이는 해당 어휘에 한정된 언어적 사실일 뿐이기 때문이다. 이처럼 한정된 수의 어휘 재구에서 확인된 음절형을 근거로 해당 시기 국어의 음절구조가 그렇다고 말하는 것은 전형적인 과잉일반화이며, 인과성이 뒷받침되지 않은 추론일 뿐이다.

만일 고대국어의 음절구조가 개음절 구조였다고 한다면, 그것은 고대국어에서는 구조적으로 CVC와 같은 음절형이 불가능하였다는 것을 의미한다. 따라서 선행 시기의 음절구조가 개음절 구조였다고 하기 위해서는 재구되는 모든 어형에서 CVC와 같은 폐음절형이 하나라도 나타나서는 안 된다.

하지만 현재의 방언 간 비교를 통한 재구에서 선행 시기의 음절형에 (6ㄴ, ㄷ)과 같은 폐음절형이 존재하지 않았다고 하는 것은 성립하지 않는다. 왜냐하면 비교 대상이 되는 국어의 어느 방언에서도 폐음절형을 허용하지 않는 방언이 존재하지 않기 때문이다. 선행 시기의 음절구조가 개음절 구조라고 하기 위해서는 어느 방언이든 간에 폐음절형을 허용하지 않는, 개음절형으로만 나타나는 방언이 존재해야만 그러할 가능성을 타진해 볼 수 있다. 하지만 어느 방언도 개음절 구조로만 이루어진 방언이 존재하지 않는다. 그렇기 때문에 방언간 비교를 통한 재구에서는 고대국어 음절구조가 개음절 구조였다는 추정이 논리적으로 성립할 수 없다.

또 다른 하나의 방법으로 차용어를 통해 고대국어의 음절구조를 추정하는 것을 생각해 볼 수 있다. 자료가 남아 있지 않은 시기의 국어의 모습을 다른 언어에서 자국어로 기록한 자료가 있다면, 그 자료를 통해서 국어의 음운론적 사실을 추론해 볼 수 있는 가능성이다.

A언어의 음운 체계에 없는 소리가 B언어에서 차용될 때는 A언어에 존재하는 음운 중의 하나로 바뀌어서 차용된다. 그런데 이 과정에서 A언어에 음운으로 존재하지 않는 B언어의 소리의 차용 양상은 일관되거나 규칙적이지 않을 가능성이 높다. 이러한 비일관성 및 비규칙성이 B언어의 음운론적 사실을 추론할 수 있게 해 준다. 차용 양상이 일관되지 않고 규칙적이지 않다는 것은 B언어의 소리가 A언어에는 음운으로 존재하지 않는다는 것을 말해 준다. 이때 A언어에 차용된 양상의 전반적인 모습을 추론

하여 해당하는 B언어의 소리가 어떤 음소였는지 추론할 수 있다.

(7)
ㄱ. 파일 ~ 화일 : file[fail]
ㄴ. 쌩큐 ~ 땡큐 : thank you[θæŋkyu]

만일 국어 차용어 '파일 ~ 파일', '쌩큐 ~ 땡큐'에 대응하는 영어가 무엇인지 모른다고 할 때, 국어 차용어에서 나타난 [f]와 [hw]로 인식될 수 있는 어떤 소리 x를 추론할 수 있다. 마찬가지로 [s']와 [t']로 인식될 수 있는 어떤 소리를 추론할 수 있다. 이렇게 하여 [f]와 [θ]가 영어의 음운 체계에 존재했다는 것을 찾아낼 수 있다. 이처럼 차용어의 소리는 차용 원어의 소리와 일관되게 일대 일로 대응하지 않는다. 이러한 차용어의 비일관성 및 비규칙성을 통해 차용 원어의 대응하는 음운을 추론해 낼 수 있다.

이러한 방식을 통해 문헌자료 이전 시기의 국어의 음운론적 사실을 우리말을 차용한 다른 나라의 문헌자료 기록을 통해서 추론해 낼 수 있다. 물론 국어에 차용된 다른 언어의 차용어를 통해서도 국어의 음운론적 사실을 일정 정도 추론할 수도 있다.

그런데 음절구조의 경우에는 음운과 달리 차용 과정에서 자국어의 음절구조를 어기는 음절은 자국어의 음절구조에 맞게 조정되지 않고서는 차용될 수 없다. 자국어에 허용하지 않는 음절구조는 아예 발음이 불가능하기 때문이다. 자국어에 차용된 원어는 자국어의 음절구조에 맞게 조정되고, 다른 나라에 차용된 우리말의 차용어 역시 그 언어의 음절구조에 맞게 차용된다. 그래서 차용어를 통해서 고대국어의 음절구조를 추정하는 것은 기본적으로 어렵거나 불가능한 일이다.

자국어에 없는 음소나 자국어에 허용되지 않는 음절을 가진 차용 원어가 자국어의 음운 체계 및 자국어의 음절구조에 맞게 조정되어 차용되는 것은 현대국어의 차용 양상을 통해서 분명하게 확인할 수 있다. (8), (9)는 우리말에 있는 영어 차용어의 예이다.

(8)
ㄱ. 마더 : mather[mʌðə(r)]
ㄴ. 재즈 : jazz[ʤæz]
ㄷ. 컵 : cup[kʌp]

(9)
ㄱ. 플롯 : plot[plɔt]
ㄴ. 스팀 : steam[stiːm]
ㄷ. 디스크 : disk[disk]
ㄹ. 스탬프 : stamp[stæmp]

(8ㄱ, ㄴ)에서 보면, 국어에 음소로 존재하지 않는 자음 [ð], [ʤ]는 각각 국어에 존재하는 음소 중에서 [ð], [ʤ]와 유사하다고 인식하는 /t/, /ʧ/로 차용된다. 그리고 (8ㄷ)의 국어에 존재하지 않는 모음 [ʌ] 역시 국어에 존재하는 모음 음소 중에서 유사하다고 인식하는 /ə/로 차용된다. 국어에 음소로 존재하는 소리가 차용될 때는 차용 원어의 소리와 국어의 음소가 규칙적으로 일대 일로 대응하는 경우가 대부분이지만, 국어에 음소로 존재하지 않는 소리가 차용될 때는 차용 원어의 소리와 국어의 음소가 일대 일보다는 일대 다의 양상으로 대응하는 경우가 많다. 국어에 음소로 존재하지 않는 소리이므로, 유사성에 대한 인식이 화자마다 다를 수 있기 때문이다. 그래서 (7)에서처럼 영어의 [f]가 국어에 차용될 때 /p/ 또는 /hw/로, [θ]는 [sʼ] 또는 [tʼ]로도 차용된다.

(9)는 국어의 음절구조에 맞게 음절이 조정되어 차용된 예들이다. 국어

는 표면형에서 음절 초성에 자음군을 허용하지 않고, 음절 종성에도 자음군을 허용하지 않는다. 그렇기 때문에 초성 자음군, 종성 자음군을 가진 어휘는 그 음절 그대로 차용될 수 없다. (9ㄱ, ㄴ)은 영어에서 초성 자음군을 가진 예이고, (9ㄷ, ㄹ)은 영어에서 종성 자음군을 가진 예이다. (9)에서 보듯이 초성 자음군, 종성 자음군 사이에 모음을 삽입하여 자음군의 음절 구조를 해소하여 차용한다.

그리고 차용 원어인 영어의 음절형과 상관없이 국어에 가능한 음절형 안에서는 복수의 방향으로 음절 조정이 일어나기도 한다. (10)에서 보듯이 국어에 가능한 음절형 안에서 두 가지 이상의 음절형으로 차용되는 경우가 많다.


(10)

ㄱ. 스탭 ~ 스태프 : staff[stæf]

ㄴ. 케익 ~ 케이크 : cake[keɪk]

ㄷ. 도넛 ~ 도우넛 ~ 도너츠 ~ 도우너츠 : doughnuts[doŭnʌt]


(11)은 일본어에 차용된 우리말의 예이다.


(11)

ㄱ. キムチ[기무치] : 김치

ㄴ. プルグクサ[부루구쿠사] : 불국사


일본어는 종성이 /n, ŋ/인 경우를 제외하면, 종성에 자음을 허용하지 않는 음절구조를 가지고 있다. 그래서 일본어를 CV형의 개음절 구조의 언어라고 한다. 일본어에 초성의 자음과 동일한 자음이 종성에서 발음되는 것처럼 들리는 촉음 현상이 있는데, 이 경우는 후행 음절의 초성을 길게 발음하는 것으로 해석한다. 그래서 /n, ŋ/가 종성인 음절을 제외하고, 독립적으로 종성에 자음이 있는 음절은 없다. 그렇기 때문에 (11)에서처럼 국어의 [김치]의 [김]이 허용되지 않기 때문에 모음을 삽입하여 [기무]로 조정된다. '불국사' 역시 [불]과 [국]의 CVC 음절을 허용하지 않기 때문에 [부루구쿠]로 조정되어 차용된다.

(7)~(11)의 사실은 차용어를 통해 음절구조를 밝히는 작업의 근본적인 한계를 보여 준다. 차용어는 차용될 때 이미 자국어의 음운 체계 및 음절구조에 맞게 조정되어 차용될 수밖에 없는 속성을 가지고 있기 때문이다. 그러지 않은 상태에서는 아예 차용 자체가 불가능하므로, 차용어가 자국어의 음운 체계나 음절구조에 영향을 준다는 것은 현실적으로 가정하기 어렵다.

현대국어의 사실은 여전히 진행중이고, 아주 오랜 시간이 흐르고 나면 차용어가 대량으로 유입되면서 국어의 음절구조에 변화가 생길 가능성을 완전히 배제할 수는 없다. (7)~(10)은 현대국어라는 공시태에서 우리가 확인할 수 있는 사실이지, 이 사실이 곧 국어사 전반으로 일반화된다고 확언할 수는 없다. 그렇지만 여전히 차용어의 특성을 고려할 때, 특히 한 언어의 음절구조가 차용어로 인해 변화될 수 있다고 가정하는 것은 성립하기 어렵다.

그런데 고대국어 음절구조를 추정한 논의 중에서 박은용(1970), 이병선(1991) 등은 한자음의 차용으로 인해 국어의 음절구조가 변화된 것으로 가정하고 있다. 즉 고대국어의 음절구조를 개음절 구조로 보고, 차용어인 한자음 입성의 영향으로 국어의 음절구조가 개음절 구조에서 폐음절 구조로 변화하였다는 것이다. 즉 한자음 입성의 영향으로 음절말 자음이 외파되던 언어에서 불파되는 언어로 변화하였다는 것이다.[4]

---

4 박은용(1970:2)은 고대국어 음절구조가 개음절 구조에서 폐음절 구조로 바뀐 이유는

하지만 4.5.에서 다시 자세히 다루겠지만, 음절말 자음이 불파화되는 사건과 음절구조가 개음절 구조에서 폐음절 구조로 변화하는 사건 간에는 상관관계가 없다. 폐음절 구조이면서 음절말 자음이 외파될 수도 있고, 불파될 수도 있기 때문이다. 이는 음절말 자음이 외파되지만 음절구조는 폐음절 구조인 영어를 비롯한 인구어의 존재를 통해서 쉽게 확인할 수 있다. 즉 국어는 폐음절 구조이면서 음절말 자음이 불파되는 언어인데 비해, 영어를 비롯한 인구어는 폐음절 구조이면서 음절말 자음이 외파되는 언어이다.

음절구조제약은 표면음성제약이면서 또한 구조적인 제약이다. 구조적인 표면의 음성제약을 차용어가 변화시킨다는 것은 언뜻 납득하기 어려우며, 실제 그러한 사례를 찾아보기도 어렵다. 지배·피지배 관계에서 지배국의 언어에 의해 피지배국의 언어가 약화 소멸되어 지배국의 언어에 흡수된 경우가 아니라면, 일반적인 차용어의 수용 양상을 고려할 때 차용어에 의해 자국어의 음절구조가 바뀐다는 것은 생각하기 어렵다.

일반적으로 언어 변화는 무표성을 지향하는 방향으로 일어난다. 물론 반드시 그런 것은 아니고, 말 그대로 지향이다. 그래서 무표적인 것에서 유표적인 것으로의 변화도 일어난다. 다만 일반적인 경향성은 무표성을 지향한다는 의미이다. 고대국어의 음절구조가 개음절 구조였다면, 그 이후의 변화는 무표적 음절 구조에서 유표적 음절구조로의 변화이다. 불가능한 변화는 아니지만, 무표성을 지향하는 일반적인 변화와는 방향성이 반대이다.

통시적으로 음절구조가 변한 언어의 경우 폐음절 구조에서 개음절 구조로의 변화를 겪은 언어는 있어도, 반대의 방향 즉, 개음절 구조에서 폐

---

음절말 자음의 불파화이며, 음절말 자음의 불파화를 야기한 원인은 한자음 입성의 영향으로 설명하였다.

음절 구조로 변한 언어는 찾을 수 없다. 예컨대 당장 중국어나 일본어만 하더라도 역사적으로 폐음절 구조의 언어에서 개음절 구조의 언어로 변화하였다. 그 결과 두 언어 모두 예외적으로 /n/, /ŋ/ 종성만 가능하고, CVC의 폐음절형이 구조적으로 제약된다.

고대국어가 개음절 구조였다고 한다면 이후의 음절구조의 변화는 무표적인 것에서 유표적인 것으로의 변화이다. 물론 앞에서도 말했듯이 변화의 방향이 무표성을 지향한다는 것은 경향성이므로, 경향성에 어긋난다고 해서 고대국어의 음절구조가 개음절 구조가 아니었다고 할 수는 없다. 그렇지만 일반론에 어긋나는 방향으로 변화가 일어났다면 일반론에 어긋날 만큼의 특별한 이유가 있어야 한다. 그러나 다른 언어의 사례를 참고할 때 그러한 특별한 이유를 찾기는 어렵다. 결국 언어 변화의 방향성이라는 측면에서 볼 때도 고대국어의 음절구조는 중세국어와 마찬가지로 폐음절 구조였다고 보는 것이 타당하다.

# 4. 고대국어의 음절구조

4장에서 사용하는 '음절구조'는 1.2.에서 설명한 세 가지 음절구조 중에서 (13㉯)의 의미의 음절구조이다. 즉 '폐음절 구조, 개음절 구조라고 할 때의 음절구조'의 의미로 사용한다. 현대 중국어나 일본어처럼 일부 예외적인 경우가 아니라면, 폐음절형을 허용하지 않는, CV.(CV)로만 음절을 이루는 언어를 개음절 구조의 언어라고 하고, CVC(C)와 같은 폐음절형이 허용되는 언어를 폐음절 구조의 언어라고 한다.

고대국어의 음절구조와 관련하여 CVC의 폐음절형을 허용하지 않는, 그래서 CV.CV로만 이루어진 개음절 구조였다는 주장이 있다(박은용 1970, 렴종률 1980, 류렬 1983, 이병선 1991, 허삼복 1994, 이장희 2005 등). 고대국어의 음절구조가 개음절 구조였다는 이들 주장의 많은 논거들이 차자 표기의 어휘 재구를 기반으로 하고 있다.

그런데 3장에서 살펴본 것처럼 어휘 재구를 통한 음절구조 재구는 방법론적으로 타당성을 얻기 어렵다. 내적 재구나 비교 방법을 통해서는 고대국어의 음절구조가 개음절 구조였다는 것을 뒷받침할 만한 설득력 있는 증거를 제시하기 어렵다. 단지 개연성을 언급할 수는 있겠지만, 그것이 직접적인 증거가 될 수 없다. 방증적인 증거로 삼기에도 어렵다. 그리고 중세국어의 언어적 사실과의 연속선상에서 볼 때, 고대국어의 음절구조가 개음절 구조였을 가능성은 희박하다고 하겠다.

여기서는 고대국어의 음절구조가 중세국어와 마찬가지로 CVC의 폐음절형이 존재하는 구조, 즉 폐음절 구조였음을 논증하고자 한다.


## 4.1. 알타이 공통 조어 가설과 고대국어 음절구조

역사언어학의 계통론 연구에서 국어는 알타이 어족으로 분류된다. Ramstedt (1928), Poppe(1965)에서 국어를 알타이 어족으로 분류한 것이 국어학계에서 대체로 지금까지 수용되고 있다. Ramstedt(1928), Poppe(1965) 이후 국어학계에서 국어의 계통에 대한 연구가 거의 이루어지지 않았고, 특별히 새로운 가설이 등장하지도 않았다. 이러한 상황에서 국어가 알타이 어족에 속한다는 가설은 계통론을 긍정하든 부정하든 하나의 상식처럼 받아들여지고 있는 게 사실이다. 국어학계에서 국어 계통론 연구는 이숭녕(1954), 이기문(1972a), 김방한(1983), 성백인(1999), 송기중(2003) 등 소수의 연구자들에 의해 연구되기는 하였지만, 연구 저변이 넓지는 못했다.

계통론 연구는 근본적으로 제약이 있다. 그것은 친족 관계를 증명할 수 있는 증거가 어휘 차원의 비교를 넘어서기 어렵고, 그렇기 때문에 증거의 질과 양이 언제나 의문의 여지를 남기기 때문이다. 송기중(2003)은 결어에서 아래와 같이 언급하였다.

국어의 알타이어족설을 증명하기 위한 어휘 비교 연구는 한계를 드러냈다고 인정해야 할 것이다. 앞으로 국어와 알타이 제어의 비교 연구는 규칙적 음운 대응의 예를 발견하기 위한 작업이 아니라, 유형적 공통성을 찾는 작업에 관심을 두는 편이 보다 의미 있는 결과를 확보할 수 있을 것으로 보인다(송기중 2003:132).

역사언어학의 계통론 자체에 대한 회의적인 시각도 있다. 역사비교언어학이 인도-유럽 어족의 확립으로 설득력 있는 이론으로 자리를 잡았지만, 이후 우랄-알타이 어족 및 다른 어족들의 연구에서는 유의미한 결과를 도출하지 못한 탓도 있다. 그러나 여전히 어족 가설이 전면적인 회의에 빠졌다고 할 수는 없다.

국어가 알타이 어족에서 분화되었다는 가설에 대해서도 회의론이 있다. 하지만 국어와 알타이 제어들 사이에는 비록 긴밀성의 정도가 약하긴 하지만 유사성이 분명 있는데, 국어가 이러한 알타이 공통 조어의 특질과 무관하다고 할 수 있는 증거 역시 제시되지 못하고 있다. 그래서 국어가 알타이 공통 조어에서 분화되었다는 가설은 이를 믿든, 아니면 이에 대해 회의적이든 현재까지는 여전히 유효한 가설이다.

알타이 공통 조어 가설 중에서 친족 관계를 증명하는 핵심적인 증거 중의 하나가 동명사 어미의 일치이다. 이기문(2003:182)은 알타이 제어의 문법에서 동명사가 각별한 중요성을 지니고 있음을 밝히고, 국어에서 이 사실을 확인한 것은 람스테트의 가장 큰 업적이라고 평가하였다. 그리고 알타이 제어와 국어 문법의 핵심을 이루는 이 어미들의 완전한 일치는 이 언어들의 친족 관계를 증명하는 매우 소중한 증거가 된다고 설명하였다.

여기서 말하는 동명사 어미(명사형 어미)는 '-m, -n, -r'이다. '-m'은 현재, '-n'은 과거, '-r'은 미래의 뜻을 나타낸 것으로 추정한다. 알타이 공통 조어의 특징 중의 하나인 동명사 어미 '-m, -n, -r'은 각각 중세국어의 명사형 어미 '-(ᄋᆞ/으)ㅁ', 관형사형 어미 '-(ᄋᆞ/으)ㄴ'과 '-(ᄋᆞ/으)ㄹ'과 정확이 대응된다. 그리고 시제적인 의미 역시 알타이어 공통 조어의 '-n', '-r'과 일치한다. 즉 중세국어의 '-(ᄋᆞ/으)ㄴ'은 과거, '-(ᄋᆞ/으)ㄹ'은 미래이다. '-m'의 경우만 차이가 있을 뿐이다. 그래서 알타이 공통 조어의 '-m, -n, -r'과 중세국어

'-(ᄋ/으)ㅁ', '-(ᄋ/으)ㄴ', '-(ᄋ/으)ㄹ'과의 일치는 알타이 제어와 국어의 친족 관계를 밝히는 매우 중요한 증거로 해석되어 왔다(이기문 1972a:22, 김방한 1983:189 등).

만일 중세국어 '-(ᄋ/으)ㅁ, -(ᄋ/으)ㄴ, -(ᄋ/으)ㄹ'이 알타이 공통조어의 동명사 어미 '-m, -n, -r'에 소급되는 것이 맞다면, 고대국어의 음절구조는 개음절 구조일 수 없다. '-m', '-n', '-r'만으로는 음절이 이루어질 수 없으므로, '-m', '-n', '-r'의 존재는 폐음절 구조를 전제한다. 만일 고대국어의 음절구조가 CVC의 폐음절형을 허용하지 않는 개음절 구조였다면, 동명사 어미 '-m', '-n', '-r'이 '-m, -n, -r'의 형태로 존재할 수 없다.[1] 동명사 어미 '-m, -n, -r'은 어미이므로 어간 뒤에 결합한다. 어간이 CV이거나 V일 때 동명사 어미 '-m', '-n', '-r'은 결국 종성에 위치할 수밖에 없다. 그러니까 고대국어의 음절구조는 구조적으로 CVC의 음절형이 제약되지 않는, 폐음절 구조였다는 결론에 이르게 된다.

고대국어의 음절구조가 개음절 구조였다는 것과, 고대국어에 동명사 어미 '-m', '-n', '-r'이 존재했다는 것은 양립할 수 없다. 한국어가 알타이 공통 조어에서 분화된 언어라는 사실을 부정하지 않는다면, 동명사 어미(명사형 어미) '-m, -n, -r'의 존재를 인정해야 하고, 동명사 어미 '-m, -n, -r'의 존재를 인정하는 순간 국어의 기원적 음절구조는 CVC를 허용하는 폐음절 구조라고 해야 한다.

---

[1] 물론 이들 동명사 어미가 '-m, -n, -r'이 아닌 '-mV, -nV, -rV'의 형태로 존재했다고 할 수도 있으나, 후기중세국어의 활용 양상이나 이두나 구결의 차자 표기 방식을 고려할 때 이렇게 볼 수 있는 내적 증거는 없다.

## 4.2. 차자 표기 재구와 고대국어의 음절구조

고대국어 연구는 기본적으로 차자로 표기된 어휘에 대한 재구를 기반으로 이루진다. 고대국어의 음절구조에 대한 연구 역시 어휘 재구를 통해 하는 것 외에는 딱히 방법이 없다. 고대국어 음절구조를 규명하기 위한 내적 재구의 출발점은 15세기 국어이고, 15세기 국어는 CV형뿐만 아니라 CVC(C)형도 함께 존재한다. 이처럼 재구의 출발점이 되는 15세기 국어의 음절구조는 폐음절 구조이다. 따라서 15세기 국어의 폐음절 구조를 출발점으로 했을 때, 고대국어 어휘 재구에서 재구될 수 있는 음절형은 CV, CVC, V, VC형 모두 가능하다.

어휘의 형태를 재구하는 것과 음절구조는 필연적으로 분리해서 생각할 수 없다. 고대국어가 CVC와 같은 폐음절형을 허용하지 않는 개음절 구조였다고 전제하면, 어떤 어휘를 재구하더라도 그 어휘는 CV.CV. (CV.)와 같은 형태로 재구될 수밖에 없다. 고대국어의 음절구조가 CVC형을 허용하지 않는다고 전제하면서, CVC형의 음절을 가진 어휘가 재구될 수 없는 것이다. 반면 고대국어가 CVC나 CVCC와 같은 폐음절형을 허용하는 음절구조였다고 전제하게 되면, 재구된 어휘의 형태에는 CVC 음절형도 있을 것이고, CVCC 음절형도 있을 것이다. 그러니까 고대국어의 음절구조가 어떠했다는 전제가 상정되지 않은 상태에서는 어휘 형태가 재구될 수 없다. 즉 어휘의 형태를 재구할 때 이미 음절구조에 대한 고려가 전제되어 있을 수밖에 없다는 말이다.

훈민정음이 창제되기 전의 자료는 모두 한자를 빌려서 우리말을 적은 자료이므로, 이들 자료를 재구하고 그 재구된 결과를 통해 고대국어의 언어적 사실을 추론할 수밖에 없는 것이 현실이다. 재구하지 않은 상태에서는 당시의 국어에 대해 아무 것도 말할 수 없다. 고대국어의 음절구조를 규명하는 작업은 이 지점에서 딜레마에 빠지게 된다. 고대국어의 음절구조를 규명하려면 선입견 없이 고대국어 자료를 통해 음절구조를 연구해야 하는데, 차자로 표기된 고대국어의 자료를 재구하려면 출발점이 되는 시기의 언어를 기반으로 하지 않을 수 없다. 출발점이 되는 시기의 언어를 기반으로 한다는 것 자체가 일종의 선입견이다. 그래서 순수하게 선입견 없이 고대국어 자료를 통해서 고대국어의 음절구조를 밝히는 것에는 한계가 있을 수밖에 없는 것이다.

그렇지만 그럼에도 고대국어에 대한 연구는 재구된 자료를 통해 추론할 수밖에 없고, 재구된 자료 외에 다른 증거를 제시할 수 없다. 그렇기에 기왕에 고대국어의 음절구조를 다룬 논의들에서도 재구된 자료를 기반으로 음절구조를 논의하였다. 그래서 여기서도 기왕의 논의들에서 고대국어 음절구조를 규명하는 근거 자료로 제시한 차자 표기 자료의 재구를 통해 논의를 진행하겠다.[2]

(1)은『三國史記』에 나타난 삼국시대의 고유어 인명, 지명, 관직명의 차자 표기형 중의 일부이다.


(1)

ㄱ. 水城郡本高句麗買忽郡〈史記 卷35〉

ㄴ. 石山縣本百濟珍惡山〈史記 卷36〉

ㄷ. 橫川縣一云於斯買〈史記 卷37〉

ㄹ. 穴口郡一云甲比古次〈史記 卷37〉


(1)은 '訓借字 : 音借字'의 대응 예들인데, 이에 대한 기왕의 논의들에서 재구형을 정리하면 (2)와 같다.[3]

---

2 여기서 논의하는 주제가 고대국어의 음절구조에 관한 것이므로, 재구형의 자음이나 모음의 음가에 대해서는 특별히 언급해야 할 이유가 있지 않은 한 따로 논의하지 않는다.

(2)

| 훈차 : 음차 | | 재구형 | |
|---|---|---|---|
| | | (가) 폐음절형으로 재구 | (나) 개음절형으로 재구 |
| ㄱ. | 城 : 忽 | hor : 김방한<br>hur : 이기문<br>kur : 김동소 | ku(ko)~kuto(koto) : 박은용<br>koro : 이병선 |
| ㄴ. | 石 : 珍惡 | torak : 김방한<br>turak : 이기문/김동소/도수희 | tora~toro(이병선) |
| ㄷ. | 橫 : 於斯 | əs : 이기문 | əsa : 이병선 |
| ㄹ. | 穴 : 甲比 | kap : 강신항 | gabi : 이병선 |

　(2)에서 음소 재구는 일단 논외로 하고 음절구조에 초점을 맞춰서 보면, 동일한 자료를 대상으로 했음에도 CVC의 폐음절형으로 재구하기도 하고 CV의 개음절형으로 재구하기도 하였다. 연구자에 따라서 동일한 표기에 대한 재구형의 음절이 개음절형이기도 하고, 폐음절형이기도 한 까닭은 무엇인가?

　(2ㄹ)의 '甲比'의 경우 강신항(1990:15)은 '比'를 -p 말음을 차자한 것으로 재구한 반면, 이병선(1991)은 1음절을 차자한 것으로 재구하였다. 왜 동일한 음차자를 두고 이렇게 전혀 다르게 재구하게 되는 걸까? 그것은 (2) 자체에서 이미 물음에 대한 답을 찾을 수 있다. (2나)처럼 개음절형으로 재구한 박은용(1970), 이병선(1991)은 고대국어의 음절구조를 개음절 구조로 추정한 대표적인 논의인 반면, (2가)처럼 폐음절형으로 재구한 경우는 고대국어의 음절구조를 폐음절 구조로 전제하였거나 특별히 음절구조에 대해 언급하지 않은 논의들이다. 그러니까 (2나)에서처럼 재구형이 모두 CV의 개음절형인 이유는 어휘를 재구를 할 때 이미 개음절 구조를 전제하고 재

---

3 '水 : 買'의 대응에서 음차자 '買'의 재구음은 모두 개음절형의 '매 ~ 미'로 이견이 없어서 도표에서 뺐다.

구했기 때문이다. 그리고 특별히 개음절 구조인지 폐음절 구조인지를 전제하지 않고 재구한 경우에는 (2가)처럼 폐음절형도 나타나고, 개음절형도 나타나게 된다.

만일 고대국어의 음절구조가 폐음절 구조였다면, (2가)와 (2나) 모두 가능한 재구이다. 단지 어느 재구형이 더 타당한가의 문제가 남을 뿐이다. 하지만 만일 고대국어의 음절구조가 개음절 구조였다면 (2가)의 재구는 모두 틀린 것이 된다. 그런데 (2가)를 통해서 고대국어의 음절구조가 폐음절 구조였다거나 (2나)를 통해서 고대국어의 음절구조가 개음절 구조였다는 주장은 성립할 수 없다. 왜냐하면 어형을 재구해야만 음절구조를 추정할 수 있는데, 이미 재구를 할 때 음절구조를 전제하지 않을 수 없기 때문이다. 3.1.에서 언급했던 것처럼 재구된 어형의 음절형을 토대로 고대국어의 음절형을 추정하는 것은 고대국어 음절구조를 추정하는 방법론으로써는 타당하지 않으며, 이러한 방법에 의한 음절구조 추정 역시 그 타당성을 확보하기는 어렵다.

하지만 고대국어를 연구할 수 있는 자료가 한자를 빌려서 우리말을 나타낸 차자 표기 자료밖에 없고, 그래서 재구형을 통하지 않고서는 고대국어에 대한 어떠한 논의도 할 수 없는 것이 현실이다. 그렇기 때문에 방법론적으로 한계가 있고 타당성이 떨어진다 하더라도 재구형을 대상으로 논의를 할 수밖에 없다. 이러한 점을 감안하면서 고대국어의 음절구조가 개음절 구조였다는 주장의 논거들을 하나씩 살펴보자.

고대국어가 개음절 구조였다는 대표적인 논의는 박은용(1970)이다. 박은용(1970:2)은 『三國史記』의 인명, 지명, 관직명의 차자 표기의 재구를 통해서 볼 때 "한국어에는 원래 내파로 된 파열음이 없었던 것이나 중국 한자음의 영향으로 [k˺], [t˺], [p˺]와 같은 입성음이 발생하였던 것이다"고 하여 당시에는 불파음이 없었던 것으로 추정하였다. 물론 박은용(1970)에서는 직접적으로 고대국어의 음절구조가 개음절 구조였다고 언급하지는 않았지만, 당시에 CVC의 폐음절 구조가 없었던 것으로 추정하고 있어 결과적으로 개음절 구조였다는 주장으로 해석될 수 있다.

이병선(1991/1993:69~76)은 박은용(1970)의 주장을 적극적으로 받아들여 『三國史記』의 인명, 지명, 관직명의 고유어를 모두 CV.*(CV)로 재구하고 이를 통해 고대국어의 음절구조가 개음절 구조였다고 주장하였다. 허삼복(1994:29~32) 역시 평행한 견해를 보이고 있다. 허삼복(1994:29~32)은 이병선(1991)의 재구형을 그대로 수용하면서, 도수희(1980)의 백제 지명의 차자 표기가 거의 개음절형으로 나타난다는 사실을 추가하였다. 그런데 '거의'라는 말에서 알 수 있듯이 도수희(1980)의 백제어 지명 재구에는 居斯勿 *kə.sə.mir, 未冬夫里 *mi.doŋ.pu.ri, 珍惡山 *tu.rak에서 보듯이 CVC의 폐음절형 또한 나타난다.

북한의 국어학자 중에서 렴종률(1980:14~18), 류렬(1983:111~115) 역시 고대국어의 음절구조를 개음절 구조로 해석하였다. 동일하게 '고대국어'라는 용어를 썼지만, 렴종률(1980)의 고대국어는 신라시대 이전의 국어를 가리킨다. 그래서 박은용(1970), 이병선(1991), 허삼복(1994)에서 말하는 고대국어와 시기가 다르다. 렴종률(1980)은 신라시대 이전의 고대국어의 음절구조는 개음절 구조였고, 향가가 창작되던 시기에는 이미 폐음절화가 상당히 진행되었다고 해석하였다. 그 근거는 향가의 '隱', '音', '叱', '尸'와 같은 말음 첨기자들의 존재이다. 그래서 렴종률(1980)은 삼국시대 이전에 이미 폐음절화가 이루어진 것으로 보고 있다. 이에 비해 박은용(1970), 이병선(1991), 허삼복(1994)에서 고대국어가 개음절 구조라고 할 때 고대국어는 삼국시대이다. 그래서 이들 논의에서 폐음절화가 일어나, 폐음절 구조로 변화된 것은 삼국시대 이후이다.

앞서 지적한 것처럼 고대국어의 음절구조를 개음절 구조로 추정하는 논의들에서는 당연히 재구된 어형에 폐음절형이 나타나지 않는다. 반면 고대국어의 음절구조를 특별히 전제하지 않는 논의들에서는 동일한 자료의 재구형에 폐음절형이 나타난다. 고대국어의 음절구조를 재구하기 위해서는 사실 이들 문헌에 나타난 차자 표기들을 정확하게 재구하고, 재구된 형태들을 통해 그 음절구조를 규명하는 것이 맞다. 하지만 어휘의 형태를 재구할 때, 음절구조를 전제하지 않은 상태에서 一字가 一音節을 나타낸 것인지, 종성 자음을 뺀 '초성-중성'만 나타낸 것인지, 아니면 말음 첨기자처럼 하나의 음운을 나타낸 것인지를 결정할 수 없다. 고대국어의 음절구조가 개음절 구조였다고 전제한다면, 말음 첨기자와 같은 차자를 가정할 수 없다. 말음 첨기자로 해석한다는 것은 이미 CVC 음절형을 전제한 것이기 때문이다. 따라서 고대국어가 개음절 구조라고 보는 논의들에서 재구형이 개음절형으로만 나타나는 것은, 고대국어가 개음절 구조였기 때문에 개음절형으로 재구되었을 수도 있지만, 또 한편으로는 고대국어가 개음절 구조였을 것으로 전제하고 재구를 했기 때문에 개음절형만 나타난 것일 수도 있다.

고대국어의 음절구조를 적극적으로 개음절 구조로 추정한 이병선(1991)의 재구형과 자료의 해독 방법을 검토하면서 계속해서 살펴보기로 하자. (3)은 이병선(1991)에서 제시한 자료를 다시 가져온 것이다.

(3)
ㄱ. 穴成本甲忽〈史記 卷37〉
ㄴ. 穴口郡一云甲比古次〈史記 卷37〉
ㄷ. 寶城郡 本百濟伏忽郡〈史記 卷36〉
ㄹ. 同福縣本百濟豆夫只縣〈史記 卷36〉
ㅁ. 文峴縣一云斤尸波兮〈史記 卷37〉

(3)을 대응자를 중심으로 다시 정리하면 (4)와 같다.

(4)

| ㄱ. | 穴 : 甲 |
|------|---------|
| ㄴ. | 穴 : 甲比 |
|      | 口 : 古次 |
| ㄷ. | 寶 : 伏 |
| ㄹ. | 福 : 夫只 |
| ㅁ. | 文 : 斤尸 |

(4ㄱ, ㄴ)에 대해 이병선(1991/1993:70)은 '穴 - 甲 - 甲比'가 대응되므로, 이를 근거로 '穴'의 音을 *gabi로 재구하였다. 이는 '甲'과 '甲比' 중에서 어느 것이 당시의 현실음이었느냐 하는 판단의 문제로, 내적 논리상으로는 문제가 없다.

그런데 (4ㄷ)의 '伏'에 대한 해석과, (4ㄹ)의 '夫只'에 대한 해석에서는 내적 논리가 일관되지 않은 문제가 있다. (4ㄷ)에서는 '寶'와 '伏'이 대응되는데, 둘 다 음차자로 해석하였다. '寶'와 '伏'이 같은 음을 나타낸 차자였는데, 이 중에서 '寶'를 당시의 실제음으로 보았다. 그래서 '寶'와 동일한 음을 차자한 '伏'자의 해독에서는 '伏'의 입성 운미 *k가 어형 표기에 관여하지 않은 것으로 해석하였다. 즉 '伏'이 [보] 음을 차자한 것으로 해독하였다. 이에 반해 '福'과 '夫只'가 대응되는 (4ㄹ)에서 '福'의 입성 운미 *k가 어형 표기에 관여한 것으로 해석하였다. 즉 '福'에 대응되는 '夫只'가 '福'의 입성 운미 *k의 외파음화를 표기한 것으로 설명하고 있다(이병선 1991/1993:71~72). 이러한 관점에서 '夫只'를 '*puki'로 재구였는데,[4] 이는 '福'의 입성 운미 *k가 발음이 된 것으로 가정한 것이다. 물론 발음은 되었지만, 불파음이 아니라 외파음이라는 것이다. 이는 '福'의 종성 *k가 외파되는 '福'의 음과 '*puki'가 같은 소리였던 것으로 본 것이다. (4ㄷ)의 '伏'과 (4ㄹ)의 '福' 모두 입성 운미

---

4 박은용(1970:7) 역시 '夫只'를 *puki로 재구하였다.

\*k를 가지고 있는데, (4ㄷ)의 종성 \*k는 표기에 관여하지 않은 것으로 즉, 발음되지 않은 것으로 본 반면, (4ㄹ)의 '福'의 종성 \*k는 외파음으로 해석하고 있어 내적으로 일관되지 않다.

이병선(1991/1993:71)은 "'福'은 그의 입성 운미의 외파음화에 의하여 '夫只'를 표기한 것임을 알 수 있다"고 하였는데, 이는 '福'과 '夫只'가 音으로 일대일 대응하는 것으로 해석한 것이다. 물론 '福'과 '夫只'가 音대 音으로 대응했을 가능성을 배제할 수는 없지만, '夫只'가 '福'의 音을 표기한 것이라고 확증하기도 어렵다.

그리고 (3ㅁ)에서는 '文'과 '斤尸'가 대응되는데, '文'은 훈차자이고, '斤尸'가 음차자이다. 음차자 '斤尸'를 \*kïri로 재구하였다(이병선 1991/1993:83).

(4)의 이병선(1991)의 재구에서는 CVC의 폐음절형으로 재구될 수 있는 차자에 대해서도 CV의 개음절형으로 해독을 하고자 한 것을 알 수 있다. 그러다 보니 평행한 예에 해당하는 (4ㄷ)과 (4ㄹ)을 두고 각기 다른 해독을 할 수밖에 없는 상황이 일어났다. 결국 (4)에서 CV의 개음절형으로만 재구하게 된 것은 고대국어의 음절구조를 CVC의 폐음절형이 허용되지 않는 개음절 구조로 전제하고, 이 전제에 입각해서 즉, 개음절 구조에 맞춰서 재구를 하였기 때문에 그렇게 된 것이다. 그래서 폐음절형으로의 재구 가능성이 있는 경우에 대해 폐음절형으로 재구될 수 없는 이유가 제시되지 않은 채, 개음절형으로 재구되어야 하는 이유만 제시되었다.

고대국어의 음절구조가 개음절 구조라는 선험적 전제가 없는 백지 상태에서 재구가 이루어진다면, 당장 (4ㄱ)의 '穴'에 대응되는 '甲'의 재구음은 \*gap'으로 이루어지는 것이 맞을 것이다. '穴'의 우리말이 '甲'에도 대응되고, '甲比'에도 대응되므로, '穴'의 音이 \*gap이었을 수도 있고 \*gabi였을 수도 있다. 대응이 1:1이 아니라 1:2로 된다는 것은 '穴'이 \*gap과 \*gabi 둘 중의 하나였을 수도 있지만, 둘 다 실재했을 가능성 또한 열려 있다. 즉 '穴'의 재구음이 이병선(1991)의 주장처럼 개음절형인 \*gabi였음이 확정될 수 없다. *gabi는 단지 복수의 가능성 중에서 하나일 뿐이다. (4ㄷ)의 경우 역시 마찬가지이다. '寶'에 대응하는 고유어의 '伏'의 말음 *k가 발음되지 않았다고 하였지만, 그것은 고대국어의 음절구조를 개음절 구조라고 전제했기 때문에 *k가 발음될 수 없었다는 것밖에 되지 않는다. 즉 *k가 발음되지 않았다는 것을 뒷받침할 수 있는 근거가 없다. 단지 그 근거는 고대국어가 개음절 구조였기 때문이라는 것이다. 이는 재구형을 통해 고대국어의 음절구조를 밝힌 것이 아니라, 고대국어의 음절구조가 선험적으로 전제된 것임을 분명히 말해 준다. 고대국어가 개음절 구조였음을 주장하기 위해서는 '伏'의 종성 *k가 발음되지 않았음을 증명할 때만 가능하다. 하지만 '伏'의 *k가 발음되지 않았다는 증거를 제시하지 못하는 상황에서 '伏'을 *po로 재구한 것은 고대국어가 개음절 구조였다는 선험적 전제 하에 이 전제에 재구형을 끼워 맞춰 재구한 것밖에 되지 않는다.

고대국어의 음절구조가 개음절 구조였다는 주장이 타당성을 얻기 위해서는 '伏'이 '寶'로도 나타나므로 '寶'와 같은 음이었을 것이라고 말할 것이 아니라, 왜 '伏'이 폐음절형인 *pok으로 재구될 수 없는지를 논증해야 한다. '甲'의 경우도 마찬가지이다. '甲'이 '甲比'로도 나타나므로 '甲'이 *gabi를 나타냈다고 말할 것이 아니라, 왜 '甲'이 폐음절형인 *gab(또는 *gap)으로 재구될 수 없는지를 논증해야 한다. 그렇지 않는 한, '伏'의 발음이 *po이고, '甲'의 발음이 *gabi라는 주장은 단지 재구될 수 있는 가능한 형태 중의 하나를 언급한 것일 뿐이다.

차자 표기의 대응에는 '훈차자 : 음차자'의 대응도 있지만, '음차자 : 음차자'의 대응도 있다. '음차자 : 음차자'의 대응 역시 해당 형태를 재구하는 데 중요한 단서를 준다. 따라서 '음차자 : 음차자'의 대응을 통해서도, 비록 한계는 있지만 고대국어의 음절구조에 대해 말할 수 있다.

음차자 역시 일관되게 사용되는 것이 아니라 복수의 차자가 사용된다. '음차자 : 음차자'의 대응이라고 한 것은 이러한 경우를 말하는 것이다. 복수의 차자 중 어느 하나만 고유어의 음을 반영한 것이고, 다른 나머지 자는 잘못 차자된 것이라고 할 수도 있다. 그렇지만 복수의 음차자가 사용되었다는 것은 복수의 음차자 모두가 실제 당시의 고유어 음이었다고 해석할 수도 있다. 내용과 형식의 대응이 일대 일로만 존재하는 것이 아니라, 내용과 형식이 일대 다 또는 다대 일로 존재하는 것이 자연스러운 언어의 모습이다. 그러니까 동일한 음을 차자한 것으로 보이는 복수의 음차자 역시 음성적인 다름을 각각 나타낸 것이라고 해석할 수도 있다는 말이다.

(5)는 '음차자 : 음차자' 대응에서 CVC형과 CV.CV형이 대응되는 경우이고, (6)은 CVC형과 CV형이 대응되는 경우이다.

(5)

|  | 음차 : 음차 | 자료 |
|---|---|---|
| ㄱ. | 福 : 保皐 | 淸海大使芎福姓張氏(一名保皐)〈史記 卷10〉 |
| ㄴ. | 甲 : 甲比 | 穴成本甲忽 穴口郡 一云 甲比古次〈史記 卷37〉 |
| ㄷ. | 習 : 習比 | 習谿縣 本高句麗 習比谷縣〈史記 卷35〉 |

(6)

|  | 음차 : 음차 | 자료 |
|---|---|---|
| ㄱ. | 落 : 耶 | 一云伽落國 一云伽耶〈史記 卷34〉 |
| ㄴ. | 述 : 首 | 述尒忽縣 一云 首泥忽〈史記 卷37〉 |
| ㄷ. | 分 : 夫 | 分嵯郡 一云 夫沙〈史記 卷37〉 |
| ㄹ. | 旨 : 直 | 屈旨縣 一云 屈直〈史記 卷37〉 |

(5), (6)에서 대응쌍 중에서 하나만 현실음이고 다른 하나는 부정확한 표기라고 할 수도 있지만, 대응쌍에 있는 둘 다 현실음이었다고 할 수도 있다. 당시의 발음이 꼭 단일하였다고 가정할 근거도 없기 때문이다. 그러니까 당시에 현실음이 복수로 존재했을 개연성이 역시 존재한다(강신항 1991). 아무튼 대응쌍의 어느 쪽을 중시하느냐에 따라 CV(.CV)형으로 재

구할 수도 있고, CVC형으로 재구할 수도 있다. 이러한 차이는 앞서도 계속 언급했듯이 결국 고대국어의 음절구조를 선험적으로 개음절 구조만 가능한 음절구조로 전제하느냐, CVC의 폐음절형도 허용되는 폐음절 구조로 전제하느냐에 따라 달라진다.

그런데 자료상으로는 CVC형과 CV.*(CV)형이[5] 고대국어에 모두 존재했다고 해석하는 것이 타당하다고 할 것이다. (5)에서처럼 CVC형이 CV.CV형과 대응되고, (6)에서처럼 CVC형과 CV형이 대응된다는 것은 CVC형이 존재했다고 해석하는 것이 더 타당하기 때문이다. 그렇지 않고 CV형의 개음절만 허용되는 음절구조였다면, CVC의 음차자에서 종성에 해당하는 C가 발음이 되지 않았다는 것을 증명해야 한다. 또한 CV형이 아니라 굳이 CVC형의 음차자를 사용한 이유에 대해서도 설명해야 한다. 그러나 폐음절 구조를 가정할 경우에는 이러한 설명이 굳이 필요 없다. 강신항(1991:23)은 (6)의 'CVC : CVø' 대응에 대해 "모든 말음들이 -ø 말음과 통용된 것으로 해석하고, 이에 대해 말자음을 발음하지 않아도 의사소통이 가능했거나, 말음이 능히 주모음과 분리될 수 있었다고 생각해 볼 수도 있다"고 하였다. 이는 CVC 발음과 CV 발음이 복수로 공존했다고 보는 것이다.

(7)

ㄱ. A 一云 B

ㄴ. A 一名 B

(7ㄱ)이나 (7ㄴ)과 같은 서술 구조는 A와 B 둘 다 존재할 때 가능하다. 즉 논리적으로 A만 존재한다거나 B만 존재할 때는 나타날 수 없는 서술 구조이다. 그러니까 '落國一云伽耶' 그리고 '芍福…一名保皐'이라고 한 것은 음

---

5 'CV.*(CV)'는 CV.CV.CV.CV……를 나타낸 것이다.

의 유사성에 의한 공존이든, 동일한 내용의 서로 다른 두 형식으로의 공존이든 둘 다 존재했다는 것이다. 음절의 관점에서 보면 CV형과 CVC형이 공존하고 있는 것인데, 이는 당시의 음절구조가 CVC형을 허용하지 않는 개음절 구조였다면 불가능하다. CVC형과 CV형이 모두 나타났다는 것은 고대국어의 음절구조가 15세기 국어와 다르지 않은 즉, CVC형이 존재하는 폐음절 구조였음을 증언한다.

(6)~(7)과 같은 상황에 대해 이장희(2005:197)는 '7세기 중엽까지 고구려의 음절구조는 자음에 따라 개음절 구조와 폐음절 구조가 병존한 것으로 볼 수 있다'고 하였다. 그런데 엄밀히 말하면 이 말은 성립하지 않는다. 공시적으로 한 시기에 서로 다른 두 음절구조가 병존할 수는 없기 때문이다. CV의 개음절형과 CVC의 폐음절형이 공존한다면, 공시적으로는 이미 폐음절 구조로 변화가 완료되었다고 보아야 한다. 왜냐하면 한 언어의 음절구조가 폐음절 구조일 때는 CV의 개음절형의 존재를 전제하지만, 한 언어의 음절구조가 개음절 구조일 때는 CVC의 폐음절형의 존재를 전제하지 않기 때문이다. 그러니까 개음절 구조였다면 CVC형의 음절이 존재할 수 없는 것이고, CVC형의 음절이 존재한다는 것은 해당 언어의 음절구조가 폐음절 구조라는 것을 증언하는 것이다.

'가야'와 관련된 명칭은 (6ㄱ)의『삼국사기』뿐만 아니라『삼국유사』그리고 여러 곳에서 이표기들이 나타난다. 이는 차자로 고유어의 음을 나타내다 보니까 표기자에 따라 선택한 차자가 달랐을 가능성도 있지만, 그보다는 실제 '가야'와 관련된 명칭이 단일하지 않고 여러 가지 음으로 불렸을 가능성이 더 크다. '가야'와 관련한 이표기들을 정리하면 (8)과 같다.[6]

---

6 '가야'의 명칭과 관련한 자세한 논의는 권인한(1996)을 참고. 가락국에 대한 명칭의 종류는 대략 11종이고, 여기서는 그중 일부만 제시하였다.

(8) '가야'의 다양한 차자 표기

ㄱ. 伽落 ~ 加良 ~ 駕洛

ㄴ. 伽耶 ~ 加羅 ~ 伽倻 ~ 呵邪


(8ㄱ)은 둘째 음절이 CVC형으로 읽히는 표기이고, (8ㄴ)은 둘째 음절이 CV형으로 읽히는 표기이다. (8ㄱ)의 '伽落', '加良', 駕洛'에 대하여 이병선 (1982)은 '落, 良, 洛'의 운미 /-k/, /-ŋ/가 실제 발음에 비관여적이었던 것으로 해석하였다. 그러나 왜 '落, 良, 洛'이 종성 /k/, /ŋ/이 없는 음으로 읽혔는지 에 대한 근거를 제시하고 있지는 않다. 권인한(1996:159)은 '落, 洛', '良'을 종 성 /k/, /ŋ/가 없는 음으로 재구하는 것에 대해, 중국의 상고음이 연구개음 계열의 운미를 가지고 있다는 사실을 들어 '落, 洛', '良'을 종성 /k/, /ŋ/가 없 는 음으로 재구하는 것은 상고음의 체계성을 무시하는 문제점이 있다고 지적하였다. 이병선(1982)에서 이렇게 해석하게 된 중요한 근거는 앞서 얘 기했듯이 고대국어 음절구조가 종성이 없는 개음절 구조였다는 전제 하 에서 재구를 하였기 때문이다.

차자 표기 중에서 음차자의 경우에는 당시 한국 한자음을 추정해야 한 다. 고대국어 한국 한자음 추정은 한국 한자음에 대한 자료가 없기 때문 에, 당시의 중국의 한자음을 참고해야 한다. 그런데 중국의 한자음 역시 추정음이고, 그렇기 때문에 학자들마다 추정음에 차이가 있다. 그리고 당 시 중국 한자음의 추정음이 곧 당시 고대국어의 한국 한자음이었다는 것 도 보장하지 못한다. 한자음 역시 차용어이기 때문에 국어에 차용될 때 국 어에 허용되지 않는 음은 국어의 표면음성제약에 맞게 조정되어 차용되 었을 것이기 때문이다. 국어에 음운으로 존재하지 않은 음을 가진 한자음 을 그대로 차용했을 수는 없다. 또한 음절구조 역시 국어의 음절구조에 허 용되지 않는 음절은 국어의 음절구조에 맞게 음이 조정되어 차용되었을 것이다. 이러한 사실들을 고려하면, 중국 한자음의 추정음으로 당시 한국 한자음을 직접적으로 확정할 수는 없다. 그러나 그렇다 하더라도 차자 표기의 한자음을 추정할 수 있는 유일한 근거가 중국 한자음이라는 점에서 중국 운학의 추정음을 참고하는 것이 그렇지 않은 것보다는 타당성을 더 확보할 수 있다고 하겠다.

고구려어, 백제어, 신라어의 음절구조가 서로 달랐다는 가정은 지금까지의 국어사 연구를 통해서는 성립하지 않는다. 고구려, 백제, 신라 삼국의 언어가 차이가 있었다 하더라도 그것은 음운이나 어휘적인 차원 이상을 가정하기는 어렵다. 그런 점에서 삼국의 언어를 비교해 볼 때도 고대국어의 음절구조를 개음절 구조로 가정하는 것은 설득력을 얻기 어렵다.

(9)

|  | 고구려어 | 백제어 |
|---|---|---|
| 赤 | 沙非斤(*sapikən 이기문)<br>斯伏(*sapuk 이기문, 김방한) | 所比(*supi 이기문, *sapi 김방한) |
| 熊 | 功木 | 고마 |

(9)에서 보듯이 '赤'에 대응하는 백제어는 '*supi, *sapi'처럼 개음절형으로 재구되는데 비해, 고구려어에서는 '*sapikən', '*sapuk'처럼 폐음절형으로 재구된다. 이에 대해서도 고구려어의 '沙非斤', '斯伏'에서 '斤', '伏'의 종성 '-n', '-k'가 발음되지 않았다고 할 수도 있겠지만, 그렇게 볼 내적 근거는 없다. 이보다는 '赤'의 의미를 가진 백제어와 신라어가 달랐다고 하는 것이 보다 타당한 해석이다. 그렇다면 적어도 고구려어에서 '赤'의 의미를 가진 단어는 폐음절형이라는 결론에 도달하게 된다. 평행하게 '熊'을 나타내는 고구려어는 '功木'인데, 이에 대응하는 백제어는 '고마'(熊津 고마ᄂᆞᄅ〈龍歌3:15a〉)로 나타나 종성에서 차이를 보인다.[7] 고구려어 '功木'을 어떻게 재구하든

---

[7] 『龍飛御天歌』의 '고마ᄂᆞᄅ'가 백제 지명을 표기한 것이라는 데에 대해서는 이기문

종성을 가진 CVC형으로 보아야 한다. 고구려, 백제, 신라 삼국이 언어적으로 차이가 있었다 하더라도 음절구조가 다를 만큼 이질적이었다고 보지는 않는다고 하였다. 그러므로 고구려어, 백제어, 신라어의 어휘 대응에서 어느 한 쪽이라도 CVC형이 확인된다면, 고대국어의 음절구조가 개음절 구조였다는 주장은 설득력을 얻기 어렵다.

만일 고대국어가 개음절 구조였다는 주장이 사실이라면 지금까지 이루어진 향가 해독 역시 전면 재검토되어야 하는 문제도 발생한다. 고대국어를 개음절 구조로 보는 대부분의 논의에서는 개음절 구조에서 폐음절 구조로의 변화가 일어난 시기를 적어도 고려 시대 이후로 설정하고 있다. 그래서 고대국어가 개음절 구조였다고 보는 입장에서는 어쨌든 현재의 향가 해독은 문제가 될 수 있다. 지금까지 이루어진 향가 해독에서 CV 개음절 구조로만 해독된 경우는 없기 때문이다. 그런 점에서 만일 정말 고대국어가 개음절 구조였다고 하면, 향가 해독 역시 수정되어야 한다. 렴종률(1980)은 향가가 나타나는 이전 시기에 개음절 구조였고, 향가가 만들어질 당시에는 이미 폐음절 구조로 변화했다고 하였는데, 이러한 해석은 기왕에 이루어진 향가 해독을 염두에 둔 것이라고 할 수 있다.

지금까지의 향가 해독은 관찰 가능한 시기 즉, 15세기 국어의 언어적 사실에 기반하여 이루어진 것이다. 향가 해독의 계기이자 출발점이 된 고려가요 〈처용가〉의 언어는 한글로 기록될 당시의 언어인 16세기 국어의 모습을 반영하고 있다. 그래서 향찰로 기록된 향가 〈처용가〉의 언어와 16세기에 기록된 것으로 추정되는 고려가요 〈처용가〉를 언어적으로 동일하다고 할 수는 없다. 그러나 그렇다고 향찰로 기록된 〈처용가〉와 고려가요 〈처용가〉의 통시적 연속성을 부정할 근거 또한 없다고 할 것이다.

지금까지 이루어진 향가 해독에서는 종성 자음을 가진 음절형이 무척

---

(1972b: 37), 김방한(1983:115)을 참고.

많다. 중세국어를 재구의 출발점으로 삼았기 때문에 당연한 결론이라고 할 수도 있다. 그렇지만 향가가 만들어지던 시기로부터 중세국어에 이르는 동안 급격한 음운 변화가 있었다는 증거도 없다는 점에서, 또 다른 새로운 증거가 나오지 않는 한에는 지금까지 이루어진 향가 해독이 당시의 음운, 형태, 통사적 사실을 반영하고 있다고 보는 것이 타당하다. 이는 음절 구조 역시 마찬가지이다. 논의의 필요상 향가 해독의 일부를 가져온다.

(10)[8]

|  | 향찰 | 해독 |
|---|---|---|
| ㄱ. | 必只 〈稱讚如來歌〉<br>良只 〈請轉法輪歌〉 | *반독<br>*나삭 |
| ㄴ. | 折叱可 〈獻花歌〉<br>命叱使以惡只 | *것거<br>*命ㅅ브리이악 |
| ㄷ. | 直隱 〈悼二將歌〉<br>去隱春 〈慕竹旨郎歌〉 | *고든<br>*간 봄 |
| ㄹ. | 主乙 〈悼二將歌〉<br>宿尸夜音 〈慕竹旨郎歌〉 | *니믈<br>*잘 밤 |

(10)의 '해독'에서 보듯이 향가 해독에서는 CVC 음절형이 일반적으로 나타난다. (10ㄱ, ㄴ)에서 '只', '叱'은 말음 첨기자에 해당하는데, 이는 종성의 자음을 분명하게 나타내기 위해 사용된 차자이다. 그리고 (10ㄷ)에서 '隱'은 문법 형태소인 관형사형 어미 '-(ᄋ/으)ㄴ'을 표기하기 위한 차자이다. '隱'은 '汝隱 *너는 〈兜率歌〉'에서처럼 보조사 '-은/은'의 차자로도 쓰였다. (10ㄹ)에서 '乙'은 대체로 목적격 조사 '-올/을'을 표기하는 차자였고,

---

8 해독은 김완진(1980)의 해독을 옮겨 놓았다. (11ㄱ)의 '必只', (11ㄴ)의 '使以惡只'을 양주동(1942)은 각각 *비록', '브리ᇰ디'로 해독하여 약간의 차이는 있다. 여기서는 대체로 小倉進平(1929), 양주동(1942), 김완진(1980)의 해독이 서로 큰 차이가 없는 예들을 제시하였다.

'尸'는 관형사형 어미 '-(으/으)ㄹ'을 표기하는 차자였다.

(10ㄷ,ㄹ)의 차자표기는 고대국어의 음절구조가 폐음절 구조였음을 분명히 보여 준다. 고대국어의 음절구조가 개음절 구조였다고 하면, 문법 형태소 '隱', '乙', '尸'가 CV형으로 재구되어야 한다. 그런데 중세국어에서 관형사형 어미는 '-(으/으)ㄴ', '-(으/으)ㄹ'이다. 그렇기 때문에 선행하는 어간이 자음으로 끝나든, 모음으로 끝나든 결과적으로 관형사형 어미가 결합한 활용형의 마지막 음절은 CVC형이다. 중세국어의 보조사 '-은/은' 역시 CVC의 폐음절형이다. 따라서 만일 '隱', '乙', '尸'를 CV형으로 재구할 경우에는 중세국어에 이르기 전 어느 시기에 말모음이 탈락하는 변화를 상정해야 한다. 하지만 그러한 변화가 있었다는 것을 확인할 수도 없거니와, 그러한 변화의 동인을 찾을 수도 없다.

지금까지 이루어진 향가 해독을 통해서는 적어도 통일신라 시대의 언어는 폐음절형을 허용하는 음절구조였다고 볼 수밖에 없다. 차자 표기의 해독이라는 불완전성이 있다 하더라도, 이는 고대국어 음절구조가 개음절 구조였다고 하는 입장에서도 동일하게 안고 있는 불완전성이다. 향가 해독에는 종성 자음이 하나인 (C)VC 음절형뿐만 아니라, 종성에 2개의 자음이 있는 (C)VCC 음절형도 나타난다.

(11)

|  | 소창진평 | 양주동 | 김완진 |
|---|---|---|---|
| 巴寶白乎隱 〈兜率歌〉 | 베푸숣온 | 샏슬본 | 보보슬본 |
| 吾里心音水清等 〈請佛住世歌〉 | 묽히든 | 물가든 | 물가든 |
| 修將來賜留隱 〈常隨佛學歌〉 | 닥글샬은 | 닷ㄱ려샤른 | 닷ㄱ려시론 |

(11)에서 '白', '淸', '修'는 각각 '숣-', '묽-', '닭-'으로 재구되는데, 이들 어간의 15세기 국어 형태가 종성에 자음군을 가진 '숣-', '묽-', '닭-'이다. 만일 향

가가 기록된 시기의 음절구조가 개음절 구조였다고 한다면, 중세국어의 1 음절어 '숧-', '맑-', '닭-'에 대응되는 이 시기의 형태는 CV.CV.CV의 3음절 어로 재구되어야 한다. 그런데 향찰로 표기된 '白', '淸', '修'가 음차자가 아니라 훈차자이기 때문에 향찰 표기만으로는 당시에 이에 대응되는 고유어 어간이 몇 음절이었는지 확인할 수 없다. 그렇기 때문에 15세기 국어를 출발점으로 이들 한자의 훈을 재구할 수밖에 없고, 그렇게 재구된 결과가 (11)의 해독이다.

만일 고대국어 음절구조가 개음절 구조였다고 가정한다면, '숧-', '맑-', '닭-'에서 2개의 모음 탈락을 상정해야 한다. 즉 둘째 음절, 셋째 음절 모음의 탈락을 가정해야 하는데, 이를 가정할 만한 근거도 없거니와 또한 어떤 모음이 탈락되었는지, 왜 탈락되었는지를 설명하는 것도 현실적으로 어렵다.

고대국어의 음절구조가 개음절 구조라고 할 경우에는 15세기 국어에 나타나는 (C)VC, (C)VCC 음절형을 가진 어형들이 모두 모음 탈락이라는 변화를 겪은 것으로 가정해야 한다. 그럴 경우 이들의 선행 시기 어형의 재구 역시 난관에 부딪힐 수밖에 없다. 물론 이러한 설명의 어려움이 있다는 이유만으로 고대국어가 개음절 구조였을 가능성을 전적으로 배제할 수는 없다. 하지만 내적 재구를 통해 이루어진 지금까지의 향가 해독이나, 단어(또는 형태소)의 재구 과정에 중요한 오류가 발견되지 않는 한 지금까지의 향가 해독이나, 단어(또는 형태소)의 재구 성과를 부정할 만한 특별한 이유도 없다.

물론 앞에서도 말했지만, 반대의 관점에서 15세기 국어를 내적 재구의 출발점으로 삼았기 때문에 향가 해독에서 재구되는 형태들에 CVC와 같은 폐음절형이 나타날 수밖에 없다고 말할 수도 있다. 즉 15세기 국어의 음절 구조가 CVC형을 허용하는 폐음절 구조였으므로 15세기 국어를 내적 재구의 출발점으로 하여 재구된 향가 해독의 음절 구조 역시 CVC형이 나타나는 폐음절 구조일 수밖에 없다는 비판이다. 자료를 통해 직접적으로 증명할 수 없는 상황에서 전적으로 배제할 수만은 없는 비판이기는 하다. 하지만 현재까지 이루어진 향가 해독이 근본적으로 잘못되었다는 근거가 제시되지 않는 한, 고대국어가 개음절 구조였다는 주장이 타당성을 확보하기는 어렵다고 할 것이다.

### 4.3. 말음 첨기자의 존재와 고대국어 음절구조

고대국어의 음절구조가 폐음절 구조였다는 또 하나의 증거는 고대국어와 전기 중세국어 자료에서 나타나는 소위 말음 첨기자의 존재 및 활용 방식의 유사성이다. 음절 종성의 자음을 한자 一字로 나타낸 표기법은 고대국어 자료에서뿐만 아니라 13세기, 14세기 차자 표기 자료에서도 확인된다.

물론 고대국어 자료에서 말음 첨기자에 해당하는 음독자의 해독이 논자에 따라 다름은 앞에서도 확인한 바 있다. 고대국어의 음절구조를 개음절 구조였다고 보는 논의들에서는 말음 첨기자를 종성 자음으로 해독하지 않고, 모음이 있는 CV형으로 해독한다. 그리고 이렇게 해독한 재구형을 들어 고대국어의 음절구조가 개음절 구조였다고 보고 있다.

말음 첨기자라고 불리는 차자가 종성의 자음을 표기한 것일 수도 있고, 한자 一字가 一音이므로 1음절을 차자한 것일 수도 있다. 그런데 이 차자 표기의 어형에 대응하는 중세국어 어형을 함께 고려하면, 말음 첨기자가 한 음절을 차자한 것이라기보다는 종성의 자음만 차자한 것으로 보는 것이 더 타당하다. 그래서 말음 첨기자로 불리는 차자를 1음절의 CV형으로 해독하는 것은 그것이 실제 CV형이기 때문이 아니라, 고대국어 음절구조를 개음절 구조로 전제하였기 때문에 CV형으로 해독할 수밖에 없었기 때문일 수 있다.

(12)는 13~14세기 차자 표기에 나타난 말음 첨기자와, 말음 첨기자를 표기한 어휘 자료이다.

(12)

| | 말음 첨기자 | 자료 |
|---|---|---|
| ㄱ. | 只⁹(ㄱ) | 茶<u>只</u>葉〈鄕藥救急方〉<br>省<u>只</u>草〈鄕藥救急方〉<br>有<u>只</u>〈大明律直解〉<br>幷<u>只</u>(\*다목)〈大明律直解〉 |
| ㄴ. | 次(ㅊ,ㅈ) | 獐矣<u>加次</u>〈鄕藥救急方〉<br>道羅<u>次</u>〈鄕藥救急方〉 |
| ㄷ. | 乙(ㄹ) | 月<u>乙</u>老〈鄕藥救急方〉<br>亇汝<u>乙</u> 鄕藥救急方〉 |
| ㄹ. | 音(ㅁ) | 金非陵<u>音</u>〈鄕藥救急方〉<br>指<u>音</u>(\*디님)〈大明律直解〉 |

(12)의 차자 표기에서 나타나는 말음 첨기자는 폐음절 구조가 아니면 나타날 수 없는 방식이다. 당연히 14세기 국어의 음절구조가 폐음절 구조라는 것에 대해서는 달리 이견이 없다. 음절구조가 폐음절 구조를 허용하지 않는 개음절 구조인데 말음 첨기자가 존재할 수는 없기 때문이다.

(12ㄱ~ㄹ)의 '只', '次', '乙', '音'을 말음 첨기자로 즉, 종성의 자음 하나를 표기하기 위한 字였다는 것은 이에 대응되는 중세국어 어형을 통해서 실증적으로 확인할 수 있다. (12ㄱ~ㄹ)에 대응되는 중세국어 어휘는 (13)과 같다.

---

9 물론 '只'는 '癮疹置等ㅅ只'(두드러기)에서 보듯이 ''기'로도 읽힌다.

(13)

ㄱ. 닥닙〈救簡 2:97b〉

　속새〈救急方 上:88a〉

　오직〈釋詳 6:23b〉

ㄴ. 엻의갗〈解例 42〉

　도랏〈救簡 1:51b〉

ㄷ. 돌뢰〈訓蒙 上:13a〉

　마늘〈救急方 上:10b〉

ㄹ. 쇠비름〈救簡 3:5a〉


　(12)의 차자 표기 자료와 (13)의 중세국어 어형을 대응시키면, (12)의 '只', '次', '乙', '音'이 一音을 표기한 음차자가 아니라, 종성의 자음을 나타내기 위한 字였다는 것을 확인할 수 있다.

　(12)의 말음 첨기자들은 이보다 앞선 시기의 향가 자료에서도 그대로 확인된다. (14)는 향가 자료에 나타난 말음 첨기자의 예 중에서 일부를 가져온 것이다.


(14)

| | 말음 첨기자 | 고대국어 |
|---|---|---|
| ㄱ. | 只(ㄱ) | 同福縣 : 豆夫只縣〈史記 卷 36〉<br>必只[*비록, *반득]〈稱讚如來歌〉 |
| ㄴ. | 次(ㅊ, ㅈ) | 穴口郡 : 甲比古次〈史記 卷 37〉<br>蓬次叱巷[*다봊, *다봊짓]〈慕竹旨郎歌〉 |
| ㄷ. | 乙(ㄹ) | 泉井 : 於乙買〈史記 卷 37〉<br>宿尸夜音 [*잘 밤]〈慕竹旨郎歌〉 |
| ㄹ. | 音(ㅁ) | 心音[*ᄆᆞ숨]〈隨喜功德歌〉<br>雲音[*구룸]〈讚耆婆郎歌〉 |

13~14세기 차자 표기에서 나타나는 말음 첨기자들이 (14)에서 보듯이 향가 자료에서도 똑같이 나타난다. (12)의 말음 첨기자가 나타나는 13~14세 국어의 음절구조는 폐음절 구조였다. 그렇다면 동일한 형식의 말음 첨기자가 나타나는 (14)의 고대국어의 음절구조 역시 폐음절 구조였다는 것을 말해 준다.

한자의 음과 훈을 이용하여 고유어를 표기하는 표기 방식은 크게 다르지 않고, 이는 말음 첨기자의 사용 방식에서도 마찬가지이다. (12), (14)에서 확인했듯이 말음 첨기자의 종류나 말음 첨기자를 표기하는 방식이 (12)의 13~ 14세기 국어와 (14)의 고대국어가 다르지 않다. 그럼에도 두 시기의 음절구조가 서로 달랐다고 하는 것은 정합적이지 않다.


## 4.4. 후기 중세국어 어휘의 음절형과 고대국어 음절구조

중세국어 어휘가 보여주는 음절형의 통계적 사실도 고대국어의 음절구조가 폐음절 구조였다는 것을 말해 준다. 중세국어 어휘에 나타난 음절형들의 비율은 앞선 시기 언어의 음절구조를 추정하는 데 하나의 중요한 단서를 제공한다. 이에 중세국어의 고유어 체언과 동사 가운데서 1음절 및 2음절 단일어를 대상으로 각 음절형의 통계를 추출해 보았다.[10]

---

10 파생어 및 합성어는 이미 존재하는 형태소 또는 단어를 조합한 것이어서 음절구조와 관련한 앞선 시기의 언어적 사실을 추정하기에 부적절하다고 판단하여 통계를 추출하는 대상에서 제외하였다. 그리고 품사 가운데서 체언과 동사만으로 제한한 것은 대상 어휘가 너무 광범위하였기 때문이기도 하지만, 이들만을 대상으로 한 통계적 사실만으로도 앞선 시기의 음절구조에 대한 언어적 사실을 추론하기에 충분하다고 판단하였기 때문이다. 또한 체언과 동사가 다른 품사에 비해 보다 기초적인 어휘라 생각했기 때문이다.

(15), (16)은 『李朝語辭典』(劉昌惇)에 나타난 표제어를 대상으로 고유어 단일어 체언과 동사의 음절형의 비율을 통계적으로 조사한 것이다. 고유 어이면서 단일어인 1음절어, 2음절어를 추출하고, 이들 추출된 어휘의 음 절형을 수작업으로 표시한 후 통계 처리하였다.

(15)는 고유어 1음절 단일어 중에서 체언 및 동사 1,139항목을 대상으로 개음절형과 폐음절형의 비율을 조사한 결과이다.

(15)

| 음절형 | 개음절형 | | 폐음절형 | | | | 계 |
|---|---|---|---|---|---|---|---|
| | CV | V | CVC | CVCC | VC | VCC | |
| 개수 | 296 | 13 | 726 | 58 | 38 | 8 | 1,139 |
| 계(비율) | 309(27%) | | 830(73%) | | | | |

(15)에서 보듯이 종성이 있는 CVC(C)의 폐음절형의 비율이 종성이 없 는 개음절형의 비율보다 월등히 높다. 이러한 상황은 1음절어만큼 높지는 않지만 2음절에서도 유지된다.

(16)은 고유어 2음절 단일어 중에서 체언과 동사 1,196항목에 나타난 음 절형의 비율이다.[11] (16ㄱ)은 첫째 음절, 둘째 음절이 모두 개음절로만 이 루어진 것의 비율이고, (16ㄴ)은 첫째 음절이나 둘째 음절 둘 중의 하나라 도 CVC의 폐음절형이 있는 것들의 비율이다.

---

11 활음의 개입 여부는 무시하고 종성이 자음으로 끝났느냐 끝나지 않았느냐 하는 것만 을 대상으로 하였다. 그리고 이 통계는 표기형을 대상으로 한 것이기 때문에 실제 표면 형에서 CVC.V, CVC.VC는 [CV.CV], [CV.CVC]로 되어 전체적으로 폐음절형의 숫자 가 줄긴 하지만, 그 숫자가 38개로 미미하기 때문에 논의에는 별다른 영향을 주지 않는 다고 하겠다.

(16)

ㄱ.

| 음절형 | 개음절형 | | | |
|---|---|---|---|---|
| | CV.CV | CV.V | V.V | V.CV |
| 개수 | 439 | 36 | 10 | 45 |
| 계 | 530(/1,196)(44%) | | | |

ㄴ.

| 음절형 | 폐음절형 | | | | | | | | |
|---|---|---|---|---|---|---|---|---|---|
| | CV.CVC | CV.CVCC | CV.VC | CV.VCC | CVC.CV | CVC.CVC | CVC.V | CVC.VC | V.CVC |
| 개수 | 283 | 6 | 65 | 2 | 117 | 53 | 27 | 11 | 35 |
| 계 | 666(/1,196)(56%) | | | | | | | | |

| 폐음절형 | | | | |
|---|---|---|---|---|
| V.CVCC | V.VC | VC.CV | VC.CVC | VC.VC |
| 3 | 13 | 38 | 11 | 2 |

(16)에서 보듯이 2음절어의 경우에도 (16ㄴ)의 폐음절형을 하나 이상 포함한 어휘의 비율이 (16ㄱ)의 개음절형만으로 이루어진 어휘의 비율보다 높다. 그런데 폐음절형의 비율이 2배 이상 많았던 (15)의 1음절어에 비하면 2음절어에서는 폐음절형의 비율이 압도적으로 많지는 않다. 2음절어에서 폐음절형의 비율이 1음절어에 비해 낮은 이유에 대해서 정확하게 분석적으로 말할 수는 없지만, 어느 정도 개연성 있는 해석은 가능하다. 그것은 2음절 체언이나 동사의 경우 파생 접미사 '-이, -의/의, -개/이, -오/우' 및 피사동 접미사 '-이/히/리/기/우/후/추-' 등 모음으로 끝나는 접미사들에 의한 파생어가 많기 때문이다. 파생에 참여한 1음절 어근은 CVC의 폐음절형이었지만, '-(C)V' 음절형의 접미사와 결합함으로써 'CV.CV'의 개음절로만 이루어진 어간으로 변했기 때문이다.

만일 고대국어 음절구조가 개음절 구조였다면 후기 중세국어의 폐음절 형들이 고대국어 시기에는 모두 개음절형이었던 것으로 가정해야 한다. 따라서 (15)의 1음절 어간 1,139개 중에서 830개의 어휘, 그리고 2음절 어간 1,196개 중에서 (16ㄴ)의 666개의 어휘는 현재의 음절 수에 +1의 음절 수를 가졌다고 해야 한다. 그런데 문제는 그렇게 가정할 이유나 근거가 딱히 없다는 것이다. 설령 그럼에도 +1의 음절 수를 가졌다고 가정한다 하더라고, 그 +1의 음절의 모음이 무엇인지를 추정할 만한 아무런 단서도 없다. 어떤 모음이었는지도 모르면서, 후기 중세국어로 오는 어느 시기에 그 모음이 탈락했다고 가정해야 한다. 어떤 모음이었는지도 모르는데, 왜 그 모음이 탈락했는지는 더 미궁에 빠질 수밖에 없다.

더군다나 종성에 자음군을 가진 어휘의 경우에는 그 변화 과정이 더 복잡하므로 설명 역시 더 어렵다. (15)의 1음절어 중에서 종성 자음군을 가진 어휘는 66개이고, (16)의 2음절어 중에서 종성 자음군을 가진 어휘는 11개로 총 77개이다. 이들의 경우 고대국어 음절구조가 폐음절 구조를 허용하지 않는 음절구조였다면 고대국어에서 음절 수는 현재의 음절 수에 +2였다고 해야 한다. 예컨대 후기 중세국어 '둙'의 경우 고대국어에서는 '*ᄃᆞᆯ V1. ㄱV2'의 3음절어였다고 해야 하는데, V1, V2가 무엇이었는지 알 방법도 없거니와 V1, V2가 왜 탈락했는지는 더 더욱 알 수 없다. 알 수 없다는 것보다도 더 문제는 그렇게 가정할 근거나 이유가 없다는 점이다. 언어 변화가 급진적으로 일어나는 경우도 없지는 않지만, 그렇게 복잡한 변화가 삼국시대에서 15세기로 오는 기간에 일어났다고 가정하는 것은 변화의 관점에서도 꽤 유표적이다.

고대국어가 개음절 구조였다고 주장하는 경우 중세국어의 폐음절형의 존재를 주로 /ㆍ/, /ㅡ/ 모음 탈락에 의해 형성된 것으로 설명한다. 이를 따른다면 '둙'의 고대국어 어형은 '*ᄃᆞ르ᄀᆞ' 정도가 될 것이다. 그러나 '둙'의 고대국어 어형을 '*ᄃᆞ르ᄀᆞ'라고 볼 근거가 어디에도 없다는 것이 문제이다. 또한 이러한 가정에 의하면 고대국어는 탈락이 쉬운 약모음의 비율이 중세국어보다 월등히 높았던 것이 되는데, 그 이유 역시 설명하기 어려울 수밖에 없다.

렴종률(1980)은 고대국어에서 중세국어로 오는 동안 고대국어 시기의 CV.CV였던 것이 CVC로 변화되었고, 이러한 변화에 의해 개음절 구조가 폐음절 구조로 변화되었다고 하였다. 중세국어에서 CVC 음절형을 가진 어휘 중에는 CV.CV 음절형에서 /ㆍ/나 /ㅡ/ 탈락에 의해 CVC형이 된 것들도 있다. 하지만 그렇다고 중세국어에 나타나는 폐음절형을 모두 이러한 모음 탈락에 의해 형성된 것으로 일반화할 수 없다. 이는 전형적인 과잉 일반화의 오류에 해당한다고 할 것이다.

그럼에도 렴종률(1980)의 해석을 인정한다 하더라도, 또 다른 문제는 왜 고대국어에서는 탈락이 용이한 약모음의 비율이 높았는지를 설명해야 한다. (15)의 폐음절형 어휘들 그리고 (16ㄴ)의 어휘들은 고대국어에서는 모두 /ㆍ/나 /ㅡ/ 모음을 가지고 있었다고 해야 한다. 이럴 경우 고대국어는 중세국어에 비해 약모음이 나타나는 빈도가 월등히 높다. 약모음이어서 탈락하기 쉬운 — 결국 탈락하게 되는 — 모음의 빈도가 왜 높은지를 설명하기는 어려울 듯하다.

원래는 CV.CV형이었는데, 후행 음절 모음의 탈락으로 CVC형이 된 예들이 존재하는 것은 분명하다. 그러나 그것은 어휘에 따른 산발적인 변화이지 구조적인 변화는 아니다. 성조를 설명하면서 정연찬(1963)은 15세기 국어의 1음절 불규칙 용언 어간 중에서 상성을 가진 것들을 대상으로 이들이 원래는 2음절어였는데, 둘째 음절 모음이 탈락하여 1음절이 된 것임을 논증한 바 있다. 즉 성조가 상성인 1음절 불규칙 용언 어간의 성조는 원래 평거형의 2음절 어간이었는데, 둘째 음절의 모음이 탈락하여 1음절로 축약되었지만 성조는 '평거' 그대로 남아서 1음절 상성 어간이 되었다는 것이다. 이는 일부 폐음절형이 이전 시기에는 개음절형이었을 가능성을 보여주는 것이다. 하지만 이러한 사실이 곧 이전 시기의 음절구조가 CV 형의 개음절 구조만 가능하였다는 것을 증명하는 것은 아니다. 오히려 이는 음절 축약에 의해 CVC의 음절형의 분포가 확장되었음 보여주는 경우로 해석하는 것이 타당할 것이다. 실제 정연찬(1963)에서도 모든 1음절 CVC 어간이 이전 시기에 2음절이었던 것으로 상정하고 있지는 않다.

CV.CV의 개음절형으로만 이루어진 어휘였는데, 이후 말모음 탈락에 의해 CVC의 폐음절형이 되는 변화는 중세국어 이후에도 계속해서 나타난다. 이는 이 변화가 어휘에 따른 산발적인 변화이지, 이 변화가 언어의 구조에 영향을 줄 수 있는 그러한 변화가 아님을 증언한다.


(17)

ㄱ. 거우르 > 거울

ㄴ. 그스- > 끌-

ㄷ. 이러ㅎ- > 이렇-


(17)은 CV.CV > CVC 변화의 예이다. 그런데 중세국어 이후의 변화 중에는 (17)과 정반대의 예도 있다. (18)처럼 중세국어에서는 CVC형이었는데, 현대국어로 오면서 CV.CV로 변한 어휘들도 있다.


(18)

ㄱ. 도랒 > 도라지

ㄴ. 올히 > 오리

ㄷ. 긏- > (그츠-) > 그치-


음절구조가 개음절 구조였느냐 폐음절 구조였느냐는 구조적인 문제이다. 반면 (17)이나 (18)은 어휘 개별적인 차원의 변화이다. 그래서 특정 어휘를 대상으로 얻은 결론을 음절구조라는 구조적인 차원의 문제로 일반화하는 것은 어느 경우든 타당하지 않다.

중세국어의 소위 'ㅎ 종성 체언'도 고대국어의 음절구조가 개음절 구조였다고 할 경우에는 설명하기 곤란한 존재이다.[12]

(19) 겨슬ㅎ, 길ㅎ, 나라ㅎ, 나조ㅎ, 내ㅎ, 님자ㅎ, 둘ㅎ, 돌ㅎ, ㅁ슬ㅎ, 짜ㅎ, 수ㅎ, 여러ㅎ, 우ㅎ, 안ㅎ, 암ㅎ, 하늘ㅎ

'ㅎ 종성 체언'은 종성에 /ㅎ/을 가진 체언들로, 모음 뒤나 유성 자음인 /ㄴ, ㄹ, ㅁ/ 종성의 체언에서 주로 나타난다. 'ㅎ 종성 체언'이라는 용어 그대로 이들의 종성 자음은 /ㅎ/이다. 그러니까 '나조ㅎ'의 음절형은 CVCVC이고, '하늘ㅎ'의 음절형은 CVCVCC이다. 'ㅎ 종성 체언'의 'ㅎ'이 기원적으로 존재한 것인지, 음운 변화에 의해 형성된 것인지는 알 수 없지만, 'ㅎ 종성 체언'은 앞선 시기의 음절구조가 폐음절형을 허용하지 않는 음절구조였다고 할 때는 설명하기 곤란한 존재임에는 분명하다.

'ㅎ 종성 체언'은 향가 해독에서도 나타난다.

(20)

|  |  | 소창진평 | 양주동 | 김완진 |
|---|---|---|---|---|
| ㄱ. | 地肹 〈安民歌〉 | 싸홀 | 싸홀 | 짜홀 |
| ㄴ. | 一等肹 〈禱千手觀音歌〉 | 한 무리홀 | ㅎᄃ홀 | ㅎᄃ늘 |

향찰 표기의 '肹'의 해독이 小倉進平(1929), 양주동(1942), 김완진(1980)이 차이가 있는데, (20ㄱ)의 경우 세 논의가 동일하게 'ㅎ 종성 체언' '싸ㅎ'로 재구하였다. '肹'를 '-ㅎ + 올/을'로 즉, 'ㅎ 종성 체언'이 연음된 것으로 재구

---

12 'ㅎ 종성 체언'의 목록에 대한 정리는 김형규(1963)을 참조할 수 있다.

한 예가 가장 많은 것이 양주동(1942)이고, 가장 적은 것이 김완진(1980)이다. (20ㄱ)의 경우 중세국어 '싸ㅎ'에 바로 대응되므로 김완진(1980) 역시 '勝'의 초성 /ㅎ/을 훈차자 '地'의 종성으로 해독하였다. 향가 해독이 해독자에 따라 조금씩 차이가 있기는 하지만, (20)의 향가 해독이 타당하다면 고대국어의 음절구조는 폐음절 구조라고 해야 한다.


## 4.5. 음절 종성 자음의 외파·불파와 고대국어 음절구조

음절 종성 자음이 외파된다는 것과 한 언어의 음절구조가 개음절 구조라는 것이 서로 관련이 있는 사건인가?[13] 그리고 외국어(또는 외래어)에 의해 자국어의 음절구조가 변화할 수 있는가?

고대국어가 개음절 구조였다는 주장에 의하면, 국어의 음절구조는 고대국어에서 중세국어로 넘어오는 어느 시기에 개음절 구조에서 폐음절 구조로의 변화를 겪게 된다. 이때 이러한 음절구조의 변화를 야기한 원인은 다름 아닌 음절말 자음의 불파화이며, 그리고 다시 음절말 자음의 불파화를 야기한 원인은 한자음 입성의 영향이라는 것이다(박은용 1970:2). 고대국어의 음절구조를 개음절 구조로 보는 이병선(1991), 허삼복(1994) 등도 음절말 자음의 불파화의 원인에 대해 한자음 입성의 영향 때문이라는 박은용(1970)의 주장을 그대로 수용하고 있다. 허삼복(1994:34)은 고대국어의 lento style의 발음이 alegro style로 바뀌면서 외파가 어려워졌다는 점을 들고 있는데, 고대국어의 발음이 lento style이라는 증거는 물론이거니와 변

---

13 음절 종성 자음 뒤에 모음이 후행할 때는 당연히 음절 종성 자음이 후행하는 모음에 연음되어 외파된다. 여기서 음절 종성 자음이 외파되었다는 것은 'VC1.C2V'에서 'C1'이 또는 'VC#'에서 'C'가 중세국어나 현대국어와 달리 불파되지 않고 외파되었다는 것을 이른다.

화된 후의 발음이 alegro style이라는 증거 또한 논증할 수 없다는 점에서 이 역시 설득력을 얻기 어렵다.

한자음의 영향 이외에 음절말 자음의 불파화의 원인으로 렴종률(1980: 16)은 단어들의 광범위한 합성, 그리고 음절초 자음을 가진 조사나 어미의 생성을 들고 있다. 단어가 합성할 때 다음절어를 단음절어로 줄이려는 경향이 있는데, 이러한 경향에 의해 모음을 탈락시켜 CVC형의 음절이 많아지게 되어 결국 폐음절 구조로 변화하게 되었다는 것이다. 그런데 이는 어디까지나 경향성의 문제일 뿐이다. 무엇보다도 이러한 경향성이라는 것 역시 당시에 CVC의 음절형이 존재할 때에나 생길 수 있는 현상이다. CVC의 폐음절형이 존재할 수 없는, 구조적으로 개음절 구조의 언어에서 모음 탈락에 의해 CVC의 음절형이 생길 수가 없다. CV형만 존재하고 CVC형이 존재하지 않는데 모음을 탈락시킨다면, 그것은 당시의 음절구조제약을 어기는 결과를 초래하여 결과적으로 비적격형의 음절이 되어 표면에서 실현될 수 없었을 것이기 때문이다. 그러므로 단어의 광범위한 합성이 음절말 자음의 불파화를 촉발했다고 가정하는 것은 설득력이 떨어진다고 하겠다. 음절초 자음을 가진 조사와 어미의 생성이 폐음절 구조로의 변화를 유발했다는 것 역시 개연성이 없다. 이것이 개연성이 있으려면 먼저 고대국어의 조사나 어미의 첫 음절이 모음으로 시작했다고 해야 하는데, 이런 가정 자체가 개연성이 떨어진다.

고대국어의 음절구조가 개음절 구조였다고 보는 논의들에서 제시하고 있는 그 핵심 논거는 두 가지이다.

첫째, 고대국어는 음절 종성 자음이 외파되었고, 음절 종성 자음이 외파된다는 것은 개음절 구조임을 증언한다.
둘째, 입성을 가진 한자음의 유입이 국어의 음절구조의 변화를 야기하였다.

먼저 첫째의 문제, 즉 음절 종성 자음의 외파와 개음절 구조와의 상관성에 대해 생각해 보자. 사실 고대국어의 음절구조가 개음절 구조였다는 주장의 근거가 되는 중요한 음운론적 사실이 바로 고대국어에는 중세국어와 달리 음절 종성 자음이 외파되었다는 것이다. 그런데 고대국어를 대상으로, 음절 종성 자음이 외파되었다는 사실이 곧 당시의 음절구조가 개음절 구조였다는 증거가 될 수 있느냐 하는 문제를 실증적으로 검증한다는 것은 현실적으로 불가능하다. 그래서 비교언어학적인 방법 즉, 음절 종성 또는 어간말 자음이 불파되지 않고 외파되는 언어의 음절구조를 고찰해 보는 것이 어느 정도 참고가 될 수는 있다.

영어나 프랑스어, 독일어 등 인구어는 한국어와 달리 음절 종성 또는 어간말 자음이 불파되지 않고 외파되는 언어이다. 그러나 영어나 프랑스어, 독일어의 음절구조가 CV 개음절 구조는 아니다. 대표적으로 영어의 예를 들어보기로 하자. 영어의 경우 음절 종성 또는 어간말 자음(군)은 국어와 달리 외파 실현된다. 하지만 영어의 음절구조를 다룬 어떠한 논의에서도 영어의 음절구조를 CV 개음절 구조로 보는 경우는 없다.

영어에서 음절 종성 또는 어간말 자음(군)은 음절구조에서 종성(coda)에 연결된다. 종성 자음군을 가진 'risk'의 음절구조를 살펴보자.

(21)

(가)

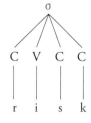

(나)

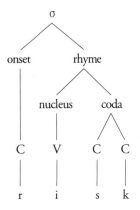

(21가)는 rhyme을 설정하지 않는 Clements & Keyser(1983)의 음절구조이
고, (21나)는 rhyme을 설정하는 논의들에서의 음절구조이다. (21)에서 확
인할 수 있듯이 영어가 음절 종성 또는 어간말 자음(군)이 외파 실현되는
특성을 갖는 언어이지만, 그렇다고 해서 영어의 음절구조를 개음절 구조
라고 하지는 않는다. 이는 음절 종성 자음의 외파·불파 여부와 음절구조
가 개음절 구조이냐 폐음절 구조이냐 하는 것은 서로 직접적인 상관이 없
다는 것을 말해 준다. 음절 종성 자음이 불파된다면 당연히 폐음절 구조이
다. 그리고 음절 종성 자음이 외파되더라도 여전히 음절구조는 폐음절 구
조이다. 즉 폐음절 구조에서 음절 종성 자음은 불파될 수도 있고 외파될
수도 있다.

이러한 사실을 통해서 볼 때, 고대국어에서 음절 종성 자음이 외파되었
다는 사실이 당시의 음절구조가 개음절 구조였음을 뒷받침하지 못한다는
것을 확인할 수 있다. 이는 역으로 당시의 음절구조가 종성을 갖는 폐음절
구조였음을 뒷받침해 주는 증거일 수도 있는 것이다. 결과적으로 적어도
고대국어가 음절 종성의 자음이 외파되는 특성을 가지고 있다는 것을 통
해 당시의 음절구조가 개음절 구조였다는 논리는 여타의 다른, 언어 내적

인 증거가 발견되지 않는 한 성립하기 어렵다. 고대국어에서 음절 종성 자음이 외파되었다는 것에는 특별히 이견이 없는 듯하다. 그러나 외파되었다는 것이 곧 개음절 구조였음을 말해 주는 것은 아니다. 폐음절 구조였어도 외파되었다는 사실이 손상되지 않는다.

재구의 출발점이 되는 15세기 국어의 음절구조가 폐음절 구조인데, 이를 기반으로 재구한 이전 시기 언어의 음절구조가 개음절 구조라고 하기 위해서는 고대국어에서 중세국어에 이르는 어느 시기에 개음절 구조에서 폐음절 구조로 음절구조를 변화시키는 사건이 있어야 한다. 이와 관련하여 제시한 논거는 음절말 자음의 불파화와 단어말의 /ㆍ/, /ㅡ/ 탈락이다. 그런데 음절말 자음의 불파화에 의해 단어말의 /ㆍ/, /ㅡ/ 모음이 대규모로 탈락함으로써 개음절 구조에서 폐음절 구조로 음절구조가 변화했다고 할 때는 몇 가지 해결해야 하는 문제가 있다. 하나는 음절말 자음의 불파화가 왜 단어말의 /ㆍ/, /ㅡ/를 탈락시켰느냐 하는 것이고, 다른 하나는 후기 중세국어에서 여전히 단어말의 /ㆍ/, /ㅡ/를 유지하고 있는 경우는 왜 그런가 하는 것이다. 음절 종성 자음이 불파화되는 변화가 새로이 생겼다 하더라도 원래 CV.CV는 여전히 CV.CV를 유지할 수도 있기 때문이다.

무엇보다도 (22)~(23)에서 보듯이 중세국어에 CV.CV형이면서 후행 음절의 V가 /ㆍ/나 /ㅡ/인 어휘가 여전히 존재한다. 따라서 음절말 자음의 불파화의 결과 /ㆍ/, /ㅡ/ 모음이 탈락했다는 것도 다시 한 번 생각해 볼 문제이다.


(22)

ㄱ. ᄀᆞᄅᆞ, ᄆᆞᄅᆞ, ᄌᆞᅀᆞ, ᄒᆞᄅᆞ, 그르메, 그위, 드레

ㄴ. ᄉᆞ-, ᄇᆞᅀᆞ-, ᄢᅳ-, 그리-, ᄆᆞᄂᆞ, ᄇᆞᄅᆞ, ᄡᆞ

(23)

ㄱ. 노루, 쟈루, 아슥, 여스, 시르

ㄴ. 디르-, 다슥-, 다옥-, 기르-, 니르-, 두르-, 디르-, 부르-


(22)는 첫째 음절이 /·/나 /ㅡ/ 모음을 가진 단어이고, (23)은 둘째 음절이 /·/나 /ㅡ/ 모음을 가진 단어이다. (22ㄱ), (23ㄱ)은 체언의 예이고, (22ㄴ), (23ㄴ)은 용언의 예이다.

만일 중세국어의 CVC형이 고대국어의 CV.CV의 후행 음절 모음 /·/나 /ㅡ/ 탈락에 의해 형성된 것이라면, (22)와 (23)의 존재는 왜 이들에게서는 /·/나 /ㅡ/ 탈락이 일어나지 않았는지에 대해 설명을 해야 한다. 왜냐하면 음절구조의 변화는 어휘에 따른 개별적인 변화가 아니라 구조적인 변화이기 때문에 전면적인 변화의 성격을 띠는 것이 자연스럽다. 구조적인 변화였음에도 어휘에 따라 산발적이었다면, 그것은 구조적인 변화가 아니라고 해야 할 것이다. (22)~(23)의 존재는 단어말의 /·/, /ㅡ/ 탈락이 실제 있었다 하더라도 그것이 구조적인 변화를 야기할 만큼 전면적으로 적용되지 않은, 어휘 개별적으로 일어난 산발적인 변화였음을 말해 준다.

음절말 자음의 불파화는 표면음성에서의 구조적인 제약이므로 전면적으로 적용되었다고 보아야 한다. 하지만 (22)~(23)을 고려할 때 /·/나 /ㅡ/ 탈락은 전면적으로 적용된 것이 아니라 산발적으로 적용된 변화였다. 단어말의 /·/나 /ㅡ/ 탈락이 전면적으로 적용된 변화가 아님에도 이에 의해 한 언어의 음절구조가 바뀌는 변화가 일어났다고 하는 것은 설득력이 없다. 중세국어의 (22)~(23)의 존재는 단어말의 /·/, /ㅡ/ 탈락에 의해 폐음절형이 만들어지면서, 개음절 구조에서 폐음절 구조로 변화하였다는 설명이 타당하지 않음을 실증적으로 보여준다고 하겠다.

단어말의 /·/나 /ㅡ/ 탈락은 어휘별로 수의적으로 적용된 변화였고, 음절말 자음의 불파화는 전면적으로 적용되는 구조적인 변화였다. 하나는

수의적인 변화이고, 하나는 전면적인 변화라면, 논리적으로 두 변화 간에는 직접적인 상관관계가 없는 것으로 결론 내릴 수 있다. 그러니까 불파화가 단어말 / · /나 /ㅡ/ 탈락의 직접적인 원인이 아니다.

정연찬(1999:332)은 음절말 불파화의 결과 / · /, /ㅡ/ 모음이 탈락된 것이 아니라, 오히려 음절말 불파화라는 변화에 의해 / · /와 /ㅡ/ 모음이 생성된 것으로 보았다. 그 핵심적인 이유는 외파와 / · /, /ㅡ/ 모음의 존재는 양립하기 어렵기 때문이다. 이에 대한 논증은 간단한 문제가 아니기 때문에 이 자리에서 자세히 논증할 수는 없지만, / · /, /ㅡ/ 탈락이 음절말 자음의 불파화로 인한 사건이라고 볼 근거가 특별히 없다는 것은 분명하다.

다음으로 둘째의 문제 즉, 입성을 가진 한자음의 음절구조에 의해 국어의 음절구조가 변화를 겪을 수 있느냐 하는 문제를 살펴보자. 한자의 유입은 당시 중국어의 직접적 유입이라기보다는 문자로서의 한자의 유입이었다. 그리고 문자로서의 한자의 유입은 당연히 해당 한자의 한자음의 유입을 수반한다.[14] 그런데 당시 사회에서 한자는 일부 계층에 한정되어 쓰였을 뿐이며 대다수 언중들은 당시의 국어를 썼다. 일반 언중들뿐만 아니라 한자를 쓰는 계층에서조차도 문자 언어는 한자를, 구어는 국어를 쓰는 이중언어 생활을 하였으며 이러한 상황은 이후에도 계속되었다.[15] 이러한 상황에서 한자음의 음절구조가 일반 언중들의 언어의 음절구조를 변화시켰다고 볼 수는 없다.

중국어의 경우 송 · 원대(14세기 이전)에 이르러 입성 운미가 소멸되는 변화를 겪었지만, 국어의 한자음은 이에 영향을 받지 않고 독자적인 발달

---

14 당시 삼국과 중국과의 교류가 활발하였다는 점에서, 외국어로서의 중국어도 들어왔을 것이다. 하지만 외국어로서 중국어가 대다수 일반 언중들의 언어인 국어에 영향을 미쳤다고 상정하기는 힘들다는 점에서 외국어로서의 중국어에 의한 영향은 일단 배제한다.
15 훈민정음이 창제된 이후에도 이러한 이중언어 생활은 상당 기간 지속되었다는 것이 통설이다.

을 하였다. 이돈주(1995:292)에 따르면 우리나라의 한자음(동음)이 수·당대의 북방 중원음을 기층으로 하여 자리를 잡은 후 중국 한자음의 간섭을 받지 않고, 국어 음운체계의 특성에 따라 독자적으로 조정되어 왔다. 중국 한자음의 경우에는 『古今韻會擧要』(1297)에서 -k, -t, -p 입성 운미가 상호간의 변별성을 상실하였고, 『中原音韻』(1324)에서 완전히 소실되어 평성·상성·거성으로 파입되는 변화가 일어났다. 하지만 한국 한자음은 지금도 -k, -t, -p 입성 운미를 가지고 있다. 또한 중국 한자음은 치음 계열에서 설상음, 치상음, 정치음계가 합류하는 변화가 있었지만, 이러한 변화가 한국 한자음에는 반영되지 않았다. 이처럼 중국 한자음이 국어 한자음에 직접적으로 영향을 준 경우는 찾기 어렵다. 한국 한자음은 중국 한자음의 변화에 영향을 받지 않고 독자적인 변화를 겪었다. 소리의 차원에서도 중국 한자음이 국어 한자음에 영향을 주지 못하는데, 중국 한자음의 음절구조가 모국어인 국어의 음절구조를 변화시켰다는 것은 현실적으로 생각하기 어려운 사건이다.

외국어가 차용될 때는 자국어의 음운 구조나 문법 구조에 맞게 조정되어 차용된다. 이러한 사실을 감안할 때, 만일 고대국어가 개음절 구조였다면, 입성 운미를 가진 한자음의 상당수가 입성 운미가 탈락되거나 모음을 하나 더 가진 음절형으로 차용될 수밖에 없다. CVC 음절형이 구조적으로 불가능한데, CVC로 차용되었다고 가정할 수는 없기 때문이다. 그런데 국어 한자음은 고대국어에서 중세국어에 이르기까지 별다른 변화를 겪지 않았다는 것이 통설이다. 중세국어 한자음의 음절구조는 주지하다시피 폐음절 구조이다. 이러한 사실은 한자를 유입할 당시의 음절구조가 중세국어 시기의 음절구조와 별반 다르지 않은, 폐음절 구조였다는 것을 방증한다.

언어 보편적으로 차용어는 자국어의 음운 체계는 물론 음절구조에 맞게 조정되어 수용되는 것이 일반적이다. 특히 음절구조의 경우 자국어에 맞지 않은 음절형은 자국어의 음절구조제약을 준수하도록 조정되지 않은 상태로는 음성 실현 자체가 불가능하다. 이러한 일반적 사실을 감안할 때, 중국어의 음절구조가 국어의 음절구조를 변화시켰을 가능성은 거의 희박하다고 할 것이다.[16]

현재까지의 국어 음운사 연구에서 고대국어 시기에 음절말 자음이 외파되었다는 것은 일반적으로 받아들여지고 있다. 음절구조라는 관점에서 보면 음절말 자음이 외파되었다는 것 자체가 이미 음절구조가 폐음절형을 허용하는 폐음절 구조였다는 것을 증언하는 것이기도 하다. 왜냐하면 음절구조가 폐음절형을 허용하지 않는 개음절 구조에서는 구조적으로 음절 종성 자음이 존재하지 않기 때문이다. 음절 종성 자음이 존재하지 않는데 음절말 자음의 외파·불파 운운하는 것 자체가 성립하지 않는다. 그러니까 음절말 자음이 외파되는 언어에서 불파되는 언어로 변화했다는 것은 원래부터 음절구조가 폐음절 구조였기 때문에 가능한 변화였다고 할 것이다. 논리적인 선후 관계로 볼 때도 폐음절 구조였기 때문에 음절 종성 자음이 불파되는 변화가 일어날 수 있는 것이지, 역으로 음절 종성 자음이 불파화되었기 때문에 개음절 구조에서 폐음절 구조로 변화할 수는 없다.[17]

---

16 소리의 경우에는 비록 자국어의 음소 목록에 없는 소리라 하더라도 표면에서의 음성 실현 자체가 불가능한 것은 아니며, 다만 언중들이 인식하지 못할 뿐이라는 점에서 표면음성제약과 관련된 것은 아니다. 하지만 음절구조의 경우 자국어에서 허용되지 않는 음절형은 음성 실현 자체가 불가능하다는 점에서 외래어(또는 외국어)의 음절구조에 의해 자국어의 음절구조가 변화를 겪을 가능성은 희박하다. 영어의 1음절어 'strike', 'trump'가 국어에 차용될 때 국어의 음절구조제약에 의해 각각 '스트라이크', '트럼프'와 같이 5음절, 3음절로 차용되는 것이나, 국어와 달리 표면에서 폐음절형을 허용하지 않는 일본어에서 국어의 '김치'가 차용될 때 일본어의 음절구조로 조정되어 '기무치'로 차용되는 것 등은 주지의 사실이다.

17 물론 음절말 자음의 불파화가 왜 일어났느냐 하는 것은 여전히 풀지 못하는 숙제로 남게 된다.

## 4.6. 종성 자음군 어간과 고대국어의 음절구조

훈민정음에 나타난 15세기 국어의 음절구조는 초성과 종성 모두 자음
군을 허용하는 폐음절 구조이다. 그것은 2장에서 살펴본 것처럼 훈민정음
예의의 '凡字必合而成音'이나 합자해의 '初中終三聲合而成字'의 기술을 통
해서, 그리고 문헌자료에 나타나는 음절초 자음군의 존재(뿔, 뺴, 뜯 등), 음
절말 자음군의 존재(닭, 여듧 등)를 통해 실증적으로 확인할 수 있는 사실
이다.

중세국어의 종성 자음군의 존재는 고대국어 음절구조가 개음절 구조일
수 없음을 말해 주는 실증적인 증거이다. 고대국어의 음절구조를 개음절
구조라고 보는 입장에서는 중세국어 종성 자음군 어간의 고대국어 형태
를 모두 CV.CV의 개음절형으로 재구해야 하고, 이후 모음 탈락을 상정해
야 한다. 그런데 일반적으로 음절의 확장이나 축약 등은 발화의 경제성과
관련된 경향성으로서의 변화이다. 다시 말해 음성적 요인이나 표면음성
제약에 의해 동기화된 필수적 현상이 아니다. 그렇기 때문에 그 변화가 어
휘에 따라 부분적으로 일어나기는 하지만, 전면적으로 일어나는 경우를
상정하기는 어렵다.[18] 즉 CV.CV 〉 CVC 변화는 산발적이고 어휘 개별적
인 변화이지, 구조적인 변화일 수 없다. 그래서 이러한 예를 들어 음절구
조의 변화를 말하는 것은 설득력이 없다.

고대국어의 음절구조에 대한 방증적인 단서 중의 하나가 15세기 국어
의 불규칙 교체형의 존재와, 다양한 어간말 자음군의 존재이다.

먼저 불규칙 교체형에 대해서 살펴보자. (24)는 /ㄱ/ 불규칙 체언의 곡용
이고, (25)는 /ㄱ/ 불규칙 용언의 활용이다.

---

18 CV.CV가 CVC로 축약되었다 하더라도, 실제 발화상에서 모음으로 시작하는 조사나
　어미가 결합하여 CV.CV로 실현되는데, 이는 결과적으로 보편음절구조인 CV를 지향
　하는 경향성으로 설명할 수 있을 것이다.

(24)[19]

ㄱ. 나모도, 나모와, 남기, 남ᄀᆞᆯ, 남ᄀᆞ로

ㄴ. 구무도, 구무와, 굼기, 굼글, 굼그로

ㄷ. 녀느도, 녀느와, 년기, 년글, 년그로

(25) 시므고, 시므디, 심거, 심그니

이기문(1972a:154)은 (24ㄱ~ㄷ)에서 모음으로 시작하는 조사가 올 때의 어간 '남ㄱ, 굼ㄱ, 년ㄱ'이 통시적으로 CV1.CV2C에서 둘째 음절 모음 V2의 탈락에 의해 형성된 것으로 설명하였다. 예컨대 '남ㄱ'의 경우, '*나ᄆᆞᆨ'에서 둘째 음절 모음 /ㆍ/가 탈락하여 형성되었고, 또 다른 어간 '나모'는 '*나ᄆᆞᆨ'에서 말자음 /ㄱ/ 탈락 후 /ㆍ/ 〉 /ㅗ/ 변화를 겪어 형성되었다는 것이다.

물론 CV1.CV2C에서 둘째 음절 모음 V2가 무엇인지 그리고, 어간말 자음 탈락의 기제와 V2 탈락의 기제가 무엇인지를 실증적으로 증명하는 데는 한계가 있다. 그렇지만 (24), (25)의 두 불규칙 어간은 앞선 시기의 CV.CVC의 형태를 재구함으로써 적절하게 설명해 낼 수 있다는 것이다. 이러한 설명을 받아들인다면, 고대국어의 음절구조는 CVC 음절형이 가능한 폐음절 구조였다고 할 수밖에 없다.

만일 고대국어가 개음절형이었다고 할 경우에는 '남ㄱ'은 앞선 시기에 CV.CV.CV를 재구하고, 이후 'CV.CV.CV 〉 CV.CVC'의 변화를 상정해야 한다. 이 경우 '남ㄱ'은 고대국어에서 15세기 국어에 이르는 동안 두 번의 변화를 겪은 것이 된다. 물론 이것이 불가능하지는 않겠지만 현재

---

19 비자동적 교체 가운데는 '노ᄅᆞ ~ 놀이/다ᄅᆞ- ~ 달아', '므ᄅᆞ ~ 믈리/모ᄅᆞ- ~ 몰라', '아ᅀᆞ ~ 앗이/브ᅀᆞ- ~ 븟아'와 같은 유형들도 있다. 이 경우는 후음 'ㅇ'의 실체 및 /ㄹ/의 음절 내에서의 특성 등과 맞물려 있어 논란의 여지가 있을 수 있기 때문에 논의에 포함하지 않는다.

CV.CVC(*나닥)에서 CVCC(낢ㄱ)로의 변화조차 그 변화 과정을 설명하기 어려운 현실에서, CV.CV.CV를 상정하고 이로부터 CV.CVC로의 변화를 규명하는 것은 사실상 불가능한 일이다. 물론 이를 단순히 설명의 한계라고 할 수도 있겠지만, 하나의 단어 내부에서 모음의 탈락이 계기적으로 두 번씩이나 일어났다고 가정하는 것은 특수하고 예외적이라고 할 수밖에 없다.

어간말에 자음군을 가진 어간의 존재도 고대국어의 음절구조가 폐음절 구조였다는 것을 방증한다. 고대국어가 CV의 개음절 구조였다는 주장에 의하면, 15세기 국어의 종성 자음군 어간은 CV1.CV2.CV3의 3음절에서 V2와 V3의 두 모음이 탈락하여 형성된 것이라고 해야 한다. (26)은 15세기 국어에서 나타나는 어간말 자음군 어간들 중에서 1음절 어간의 일부이다.

(26)[20]

ㄱ. ㄳ 넋: 넉슨⟨釋詳 3:19a⟩

　　낛: 낙술⟨救急方 上36a⟩

　　삯(苗): 삯⟨圓覺 上1-2:14b⟩

ㄴ. ㄵ 옂-: 연즈니⟨龍歌 7⟩

　　앉-: 안즈니⟨釋詳 11:16a⟩

ㄷ. ㄽ 돐: 돌새⟨內訓 1:58b⟩

ㄹ. ㄻ 굶-: 굴머셔⟨杜初 25:27a⟩

　　솖-: 술마⟨楞解 1:81a⟩

---

20 이외에 'ㅀ'(잃-, 슳- 등), 'ㄶ'(많-, 않- 등)의 어간말 자음군을 가진 어휘가 추가될 수 있는데, 이 경우에는 기원적으로 어간말 자음군이었을 수도 있으나 공시적으로 'XCㅎ-'에서 'ㅎ-'의 모음 /ㆍ/가 탈락하여 생성되었을 가능성도 배제할 수 없기 때문에 제시하지 않는다. 15세기 국어에서도 'ㅎ-'는 결합 관계에서 'ㅎ-' 전체가 탈락하거나 모음 /ㆍ/가 탈락한다.

옮- : 올마〈月釋 23:70b〉

덞- : 덜머〈楞解 9:58a〉

곪- : 골믄〈救急方 上 86a〉

ㅁ. ㄿ 여듧: 여들비라〈釋詳 6:42a〉

긂(겹/별): 굴비〈月釋 1:32b〉

긇- : 귿바〈訓諺 5a〉

엷- : 열본〈龍歌 30〉

숢- : 술보디〈釋詳 6:3a〉)

붊- : 불바〈釋詳 11:1b〉

섦- : 셜버〈釋詳 9:9b〉

짧- : 쩔본〈月釋 22:38a〉

ㅂ. ㄺ 흙: 홀ㄱ로〈釋詳 13:51b〉

기슭: 기슬기〈月釋 23:77a〉

둙: 둘기〈楞解 10:43b〉

붉- : 불ㄱ〈月釋 1:9b〉

굵- : 굴근〈釋詳 6:31b〉

늙- : 늘거〈釋詳 19:3b〉

ㅅ. ㄼ 앒: 알픠〈龍歌 60〉

ㅇ. ㅄ 값: 갑〈法華 2:187b〉

없- : 업스니〈釋詳 6:6a〉

ㅈ. ㅈ 슻: 숫글〈楞解 7:16b〉

돚: 돗글〈法華 2:242b〉

겄- : 것거〈月釋 13:26a〉

닦- : 닷가〈月釋 1:11b〉

엱- : 엿거〈月釋 2:29a〉

낫- : 낫가〈杜初 16:14a〉

ㅊ. ㅼ맏- : 맛ᄃ며〈楞解1:26b〉

고대국어가 개음절 구조였다고 한다면, (26)의 단어들은 모두 CV.CV. CV의 3음절어에서 모음 탈락에 의해 자음군이 된 것들이다. 그런데 (24)~(25)의 /ㄱ/ 불규칙 어간의 경우와 마찬가지로 이렇게 볼 경우, 어간말 모음이 무엇이었는지, 그리고 왜 탈락했는지를 설명하지 못한다. 모음 탈락의 원인에 대해 박은용(1970)처럼 한자음 입성의 영향을 생각해 볼 수는 있다. 즉 한자음 입성의 영향으로 음절말 자음의 불파화가 일어나게 되고 이러한 음절말 자음의 불파화가 모음 탈락의 원인이었을 가능성이다. 하지만 4.5.에서 언급했듯이 음절말 자음의 불파화와 어간말 모음 탈락은 서로 인과관계에 있는 사건이라고 볼 수 없다. 음절말 자음이 불파되는 15세기 국어에서도 CVC형의 단어만큼이나 CV.(*CV)형의 단어가 존재한다. 그런 점에서 어간말 자음군 어간을 음절말 자음의 불파화로 인해 형성된 것으로 설명하는 것은 설득력이 없다고 하겠다. CV.CV에서 CVC 어간이 되는 것도 설명이 불가능한데, CV.CV.CV 〉 CVCC 변화는 더 더욱 설명할 수 없는 대상이다. 이처럼 고대국어의 음절구조를 개음절 구조라고 할 경우에는, 국어사에서 설명할 수 없는 문제를 확대하는 형국이 된다.

4.5에서 언급했듯이 음절말 자음의 불파가 일부 폐음절형의 형성을 설명할 수는 있다. 그런데 이는 CVC의 폐음절형이 이미 존재해 있었기 때문에 CV1.CV2 〉 CV1C와 같은 변화가 가능할 수 있다. CVC형이 구조적으로 불가능한데, 이러한 변화가 일어날 수는 없기 때문이다. 평행하게 종성 자음군 어간들이 모음의 탈락에 의해 형성된 것이라면, 이미 그 시기의 음절구조에서는 CVCC와 같은 음절형이 허용되었어야 이러한 변화가 가능하다. CVCC 음절형이 구조적으로 불가능한데, CV.CV.CV 〉 CVCC 변화가 일어날 수 없다. 그러니까 어간말 자음군의 형성은 해당 시기에 CVCC의 음절형이 이미 존재하고 있을 때에라야 가능한 변화이다. 그렇지 않을

경우 이러한 축약형은 당시의 음절구조제약을 어기게 되어 결과적으로 비적격형이 될 수밖에 없다. 그리고 설령 어떠한 원인에 의해서인지는 모르지만 어쨌든 모음이 탈락했다는 것을 인정한다 하더라도 모음 탈락이 일어나기 전의 형태 즉, 탈락된 모음을 재구하는 것도 사실상 불가능하다. 탈락하는 모음이 모두 / · /나 /ㅡ/였을 것으로 생각해 볼 수는 있겠으나, 탈락되는 모음이 / · /나, /ㅡ/로 국한된다고 확증할 수 없기 때문에 설득력을 얻기는 힘들다.

또한 (26)의 자음군 어간을 모음 탈락에 의해 형성된 것으로 설명할 경우, 시간의 문제가 개입되어 더욱 복잡한 양상으로 나타난다. 즉 CV1. CV2.CV3에서 V2와 V3의 탈락이 V3에서V2의 순서로 계기적으로 일어나거나 동시에 일어났을 경우에는 CV1CC의 어간말 자음군이 된다. 하지만 V2가 V3에 비해 먼저 탈락했을 경우에는, 시기적으로 볼 때 음절초 자음군도 존재했던 때이므로, CV1C.CV3 또는 CV1.CCV3가 되었을 가능성도 있다. 또한 V3가 먼저 탈락했을 경우에도 여전히 문제가 남아 있다. V3 탈락의 결과는 CV1.CV2C가 되는데, 여기에서 다시 V2가 탈락해야 하는 이유는 음절말 자음의 불파화와는 전혀 상관이 없다는 점에서 탈락의 원인이 더욱 궁색해질 수밖에 없다. 이러한 사실은 15세기 국어에 나타나는 자음군 어간들의 존재를 단순히 CV1.CV2.CV3에서 후행 모음 탈락의 결과 형성된 것으로 기계적으로 설명하기 어렵다는 것을 말해 준다. 그리고 이는 오히려 자음군 어간들이 기원적으로 처음부터 자음군이었을 가능성을 제기한다고 하겠다.

종성 자음군 어간들의 존재는 사실 불파보다는 외파와 관련시킬 때 오히려 보다 타당한 설명이 가능하다. 인구어 등의 예를 통해서 볼 때, 음절 종성 자음이 외파되던 시기에는 외파의 특성상 음절초 뿐만 아니라 음절 말에서의 자음군도 허용될 수 있다.[21] 이러한 사실을 고려할 때, 이들은 기원적으로 종성에 자음군을 가지고 있었던 것이며, 음절말 자음의 불파화라는 변화 속에서도 기저형의 재구조화라는 변화를 거부한 어형들이었을 가능성이 크다.[22] 아니면 또 다른 가능성으로 '만ᄒ- 〉 많-, 슬ᄒ- 〉 슳- 〉 싫-'과 같이 CV1C.CV2에서 V2의 탈락에 의해 형성되었을 것으로 생각해 볼 수도 있다. 이 경우에도 역시 선행 시기의 음절구조가 폐음절 구조였음을 전제한다.

---

21 물론 그렇다 하더라도 음절말에서의 자음군의 수나 종류에 대한 제약은 당연히 있었을 것이다.

22 물론 어떻게 해서 이들이 변화를 거부했는지에 대해 현재로서는 그 이유를 알 수 없다. 그리고 앞서도 얘기했듯이 이들 가운데 일부는 어간말 모음의 탈락에 의해 형성된 것도 분명 있을 수 있으나, 이를 구분하는 것이 결코 간단한 일이 아니다. 한 가지 분명한 사실은 음절의 축약이나 탈락은 음운규칙과 달리 필수적으로 적용되지 않는 특성이 있다는 것이다.

# 5. 중세국어에서 초성, 중성, 종성 제약과 그 변화

5장에서 언급되는 음절구조는 1.2.에서 말한 음절구조의 세 가지 의미 중에서 (13㉰)의 의미 즉, 초성의 구조, 중성의 구조, 종성의 구조라고 할 때의 음절구조를 이른다. 보통 음절구조제약이라고 할 때의 음절구조가 바로 이에 해당한다.

음운론에서 기저형과 표면형을 구분하듯이, 음절구조제약 역시 기저 음절구조제약과 표면 음절구조제약으로 구분하기도 한다. 이 경우는 음절 역시 기저 음절과 표면 음절로 구분한다(송철의 1982, 이병운 2000 등). 그런데 1.1.에서 살펴보았듯이 음절은 음운 연쇄가 발화 단위로 조직된 것을 이른다. 즉 발화를 전제한 개념이다. 따라서 음운 연쇄가 발화 단위로 조직되기 전에는 음절이라는 개념이 성립하지 않는다. 이처럼 음절의 원론적인 정의에 입각해서 보면 기저 음절이라든지 기저 음절구조라는 개념은 성립하지 않는다.

그런데 기저형이 물리적 실재가 아니라, 물리적 실재에 기반한 인식적 실재인 것처럼, 물리적으로 실재하는 음절이 아니라 인식적 실재로서의 음절을 상정할 수 있다. 그럴 경우 '기저형 → 표면형'의 관계처럼 '기저 음절 → 표면 음절'의 관계가 성립된다. 핵심은 인식적 실재로서의 음절의 개념을 인정할 것이냐의 유무이다. 구조주의 언어학에서 음절에 대한 연구가 주로 음성학적인 관점에서 다루어져 왔기 때문에, 발화를 전제하지 않은 음절을 상정하는 것이 자연스럽지 않을 수 있다. 그러나 발화를 듣지 않은 상태에서도, 음절의 초성, 중성, 종성에 대한 인식이 명확히 존재한다는 점에서 인식적 실재로서의 기저 음절의 존재를 완전히 부정하기는 어렵다.

그리고 국어의 자모는 음소 문자임에도 음절 단위로 모아 쓰는 표기법을 채택하고 있다. 단어의 경우에는 소리대로 적은 표기와 어법에 맞게 적은 표기가 공존하고, 소리대로 적은 단어와 어법에 맞게 적은 단어의 비율도 딱히 어느 것이 다른 것보다 더 높다고 말하기 어렵다. 소리대로 적은 단어는 발화상의 음절과 표기의 음절이 일치한다. 어법에 맞게 적은 단어의 경우에는 발화상의 음절과 표기상의 음절이 일치하지는 않지만, 음절의 수는 정확히 일치한다. 체언 어간과 조사, 용언 어간과 어미는 어법에 맞게 적게 되어 있는데, 어법에 맞게 적는다는 것은 음운론적으로 기저형을 밝혀 적는 것과 같다. 그래서 곡용형과 활용형의 표기에는 물리적인 음절과 일치하는 음절도 있고, 일치하지 않는 음절도 있게 된다.

로마자처럼 풀어쓰기를 하는 표기법에서는 표기만으로는 음절에 대한 인식이 작동하기 어렵다. 하지만 국어는 음절 단위로 모아쓰기를 하고 있기 때문에, 표기형을 통해서도 음절에 대한 인식이 작동하게 된다. 실제 〈한글맞춤법〉에서 소리대로 적은 것들이 어법에 맞게 적은 것만큼이나 되기 때문에, 표기의 음절과 실제 발화의 음절이 같은 예도 많다. 그래서 기저에서도 음절이 실재한다고 볼 여지가 충분히 있다.

그런데 표기가 기저형에 영향을 줄 수 있는지, 그리고 표기가 기저형의 변화에 영향을 주는지, 그리고 표기가 기저형에 영향을 미친다면 어떻게, 어떤 양상으로 영향을 미치는지에 대해서 깊이 있는 연구가 이루어지지는 않았다. 그러나 표기가 기저형에 전혀 영향을 미치지 않는다고 보기는 어렵다.

예컨대 중세국어 /ㄷ/ 말음을 가지고 있던 어간 '붇, 벋, 곧'은 근대국어로 오면서 8종성에서 7종성으로 표기가 바뀌면서, 표기가 '붓, 벗, 곳'으로 바뀌었다. 표기만 바뀌었을 뿐 발음은 중세국어와 마찬가지로 [벋, 붇, 곧]이었다. 하지만 표기의 변화가 결국 기저형까지 바꾸어, 현대국어에서 이들의 기저형은 /ㅅ/ 말음을 가진 /붓/, /벗/, /곳/이다. 또한 처음에 '잔듸'로 배운 화자는 지금도 [잔디]를 '잔듸'로 표기하는 경향이 강하다. 반면 '잔디'로 배운 화자는 '잔듸'의 존재 자체를 모른다. 발음은 '잔듸'일 때도 [잔디]였고, '잔디'일 때도 [잔디]이다. 이 역시 표기가 기저형에 영향을 주는 예로 볼 수 있다.

기저 음절을 가정하더라도 기저 음절구조와 표면형에서의 표면 음절구조 간에 차이가 나는 것은 종성에 국한된다. 기저 음절과 표면 음절의 구조적인 차이는 (27)에서 보듯이 종성에 올 수 있는 자음의 수, 그리고 불파와 관련된 것 정도이다.

(27)

|  | 기저 음절구조 | 표면 음절구조 |
|---|---|---|
| ㄱ. | 종성에 자음군이 가능 | 종성에 하나의 자음만 가능 |
| ㄴ. | 종성에 7종성 제약이 없음 | 종성에 7종성 제약이 있음 |

기저형이 표면형으로 도출될 때 음운 규칙의 적용을 받아 교체가 일어나기도 한다. 이러한 교체는 음절과 관련된 구조적인 제약이 아니다. 예컨대 '/국물/ → [궁물]'은 기저형과 표면형의 형태가 달라진 것이지, 음절과 관련된 교체가 일어난 것은 아니다.

기저 음절 연쇄에서는 '국물'처럼 '폐쇄음-비음'의 연쇄가 가능하지만 표면 음절에서는 불가능하다든지, 기저 음절에서는 '가져'처럼 '경구개 자음

-y' 연쇄가 가능하지만 표면 음절에서는 이러한 연쇄가 불가능하다든가 하는 것은 음절과 관련된 구조적인 제약은 아니다. 이는 음소들 간의 통합관계에서의 제약이다. 음소들이 발화 단위로 조직된다는 점에서 음소들 간의 통합관계도 음절과 관련되어 있다고 할 수 있다. 그러나 활음과 음소의 연결이 불가능한 것이 아니라 'ㅈ-y' 연쇄가 불가능한 것이다. 그러므로 음절과 관련된 제약이 아니라 음소들 간의 통합관계에서의 제약으로 보는 것이 맞다.

중세국어에서 현대국어로 오는 동안 음절 초성의 구조, 중성의 구조, 종성의 구조에 약간의 변화가 있었다. 음절구조라는 측면에서 중세국어에서의 음절 초성, 중성, 종성의 특성을 살펴보고, 이후 일어난 변화에 대해서도 정리해 보기로 하자.


## 5.1. 중세국어 음절 초성 제약과 그 변화

중세국어에는 현대국어와 달리 초성에 자음군이 존재했다. 초성 자음군의 존재는 음절과 관련하여 현대국어와 가장 차이가 나는 것 중의 하나이다. 중세국어에 초성 자음군이 존재했다는 것은 국어 음운사에서 단순한 문제가 아니다. 왜냐하면 중세국어 초성 자음군의 존재는 역사비교언어학에서 국어를 알타이 어족의 하나로 분류한 사실과 배치되는 부분이기 때문이다.

4.1.에서 잠깐 언급했듯이 Ramstedt(1928)에 의해 제기된 알타이 어족 가설은 Poppe(1965)에서 정교화되어, 현재 국어학계에서 그대로 받아들여지고 있다. 물론 어족 가설 자체에 대한 비판도 있고, 국어학계 내에서도 알타이 어족 가설을 실제적인 사실로까지 받아들이지 않기도 한다. 하지만 현재로서는 명확히 알타이 공통 조어 가설을 부정할 만한 설득력 있는 논

거가 많지도 않거니와, 이를 부정하는 논문 역시 거의 없는 편이다.

참고로 국어와 알타이 제어의 공통 특질은 (1)과 같다. (1)은 이기문 (1998:23)에서의 내용을 옮긴 것이다.

(1)

ㄱ. 모음조화가 있다.

ㄴ. 어두의 자음이 제약을 받고 있다.

ㄷ. 교착성을 보여 준다.

ㄹ. 모음 교체 및 자음 교체가 없다.

ㅁ. 관계대명사 및 접속사가 없다.

ㅂ. 부동사가 있다.

(1ㄴ)은 어두에 자음군이 오거나 유음 /r/이 오는 것이 제약되는 것을 이른다. (1ㄷ)과 (1ㄹ)은 같은 내용의 다른 표현이다. (1ㄹ)은 모음 교체나 자음 교체를 통해 문법적인 의미를 드러내지 않는다는 것인데, 달리 말하면 형태를 굴절시키지는 않는다는 말이다. 형태를 굴절시켜서 문법적인 의미를 드러내는 것이 아니라, 형태소(조사, 어미)를 후치시켜 문법적인 의미를 나타내는데, 이러한 특성이 곧 (1ㄷ)의 교착성이다. (1ㅁ)의 경우 국어에 관계대명사가 없다는 것은 달리 이론이 없는 사실이다. 하지만 접속사가 없다는 것에 대해서는 이견이 있다. 박승빈(1935)은 '그리고, 그러나, 또한…' 등을 접속사로 분류하였고, 이후의 논의들에서 접속사의 설정을 주장한 논의들이 있다. (1ㅂ)의 부동사가 있다는 것도 (1ㄷ)의 교착성과 일정 정도 연결된 내용이다.

음절 초성 제약과 관련하여 여기서 말하고자 하는 것은 (1ㄴ)이다. 알타이 공통 조어의 특징 중의 하나는 어두 자음군 즉, 초성 자음군이 없다는 것이다. 그런데 지금까지의 국어사 연구에서 중세국어에 초성 자음군이 있다는 것은 일반적으로 받아들여지고 있는 사실이다. 국어가 알타이 공통 조어에서 분화된 언어라는 사실과, 초성 자음군이 있다는 것은 서로 어긋나는 두 사실이다. 다시 말해 중세국어의 초성 자음군의 존재는 알타이 공통 조어의 특징에서 벗어나는 것이므로 문제가 발생하게 된다. 이러한 까닭에 이기문(1998:23)에서는 고대국어에는 초성 자음군이 없었다고 가정한다.[1] 즉 초성 자음군의 생성은 고대국어에서 중세국어로 넘어오는 어느 시기에 일시에 발생했다고 함으로써, 알타이 공통 조어 가설을 유지하고자 하였다. 어두 자음군이 고대국어에서 중세국어로 넘어오는 어느 시기에 일시에 발생했다가, 근대국어로 넘어가면서 소멸했다는 것이다.

그러면 고대국어에는 초성 자음군이 없다가 중세국어로 넘어오는 어느 시기에 생성된 원인은 무엇인가? 이와 관련하여 어두 모음의 탈락을 그 원인으로 들고 있다.


(2)

ㄱ. 白米曰漢菩薩

ㄴ. 粟曰田菩薩


(2)는 『鷄林類事』에서 우리말 어휘를 한자를 빌려 표기한 자료이다. 이기문(1998:109)은 한자 '米'의 대응되는 우리말 '菩薩'을 2음절의 '*ᄇᆞ술'로 재구하고, '*ᄇᆞ술'에서 어두음 /ㆍ/가 탈락하여 'ᄡᆞᆯ'과 같은 초성 자음군이 생성되었다고 보았다.

그런데 '菩薩'을 '*ᄇᆞ술'로 재구한 것은 '菩薩'이 '*ᄇᆞ술'이어서가 아니라, 적어도 이 시기에는 초성 자음군이 없었다는 전제 하에서 '菩薩'을 재구했

---

1 이기문(1998)에서는 '어두 자음군'이라고 표현하고 있다. 그런데 자음군이 꼭 어두에만 있는 것은 아니므로 음절의 관점에서 정확히 기술하면 초성 자음군이다.

기 때문에 '*ᄇᆞᆺ슬'일 수도 있다. 물론 '菩薩'이 차자 표기이기 때문에 해독의 가능성이 열려 있기는 하다. 실제 2음절의 '*ᄇᆞᆺ슬'일 수도 있다는 말이다. 그런데 중세국어 '뿔'을 고려하면, '菩薩'은 '*ᄇᆞᆺ슬'을 표기한 것이 아니라 '뿔'을 표기한 것일 수도 있다. 물론『鷄林類事』(1103년)와 15세기 자료 사이에는 300여 년의 시간적 간격이 있으므로, 이기문(1998)의 설명대로 '*ᄇᆞᆺ슬 〉 뿔'의 변화가 있었다는 가정도 유효하다.

그런데 어차피『계림유사』가 지어질 당시 중국어에는 초성 자음군이 존재하지 않았다. 그러니까 초성 자음군이 존재하지 않은 중국어 화자인 송나라 손목이 당시 고려어에 존재하는 초성 자음군을 들었다면, 1음절이 아니라 2음절로 들었을 가능성도 또한 존재한다. 즉 실제 당시 고려어가 1음절의 '*뿔'이었다 하더라도, 손목의 귀에 들린 '*뿔'은 2음절어 '菩薩'이었을 수 있다.

이는 현대국어 화자가 영어의 초성 자음군을 들었을 때의 인식을 고려할 때 충분히 개연성 있는 추론이다. 말 그대로 개연성이 있다는 것이지, 그랬다는 것을 확신할 수는 없다. 차자 표기에 대한 재구이고, 해독이기 때문에 확신할 수 없는 것은 '*ᄇᆞᆺ슬' 역시 마찬가지이기는 하다. 그래서 개연성 차원의 문제라고 하는 것이다.

(3)
ㄱ. play : 플레이
ㄴ. strike : 스트라이크


(3)에서 보듯이 초성 자음군이 없는 국어 화자는 초성 자음군 /pl/을 2음절로 인식한다. 3개의 자음군 /str/은 3음절로 인식한다. 이러한 사실은 중국어 화자인 손목이 국어의 초성 자음군 '뿔'을 들었을 때도 당시 고려어에서는 1음절어였다 하더라도, 손목의 귀에는 2음절어로 들렸을 수 있는 것

이다.

한자로는 어차피 '뿔'의 초성 자음군 'ᄡ'을 표기할 방법이 없다. 설령 손목이 '뿔'을 1음절어로 인식했다 하더라도 한자로 '뿔'을 표기하려면 어차피 한자 2자를 사용할 수밖에 없다. 그래서 음절 문자라는 한자의 특징 때문에, '菩'의 성모만 활용하여 '菩薩'이라는 2자의 한자로 표기했다고 볼 수도 있다.

여기서 말하고자 하는 것은 (2)의 차자 표기 '菩薩'이 당시 고려어에 초성 자음군이 존재하지 않았다는 증거가 될 수는 없다는 점이다. 그리고 어두 모음 / · /의 탈락 역시, 가능한 변화이기는 하지만 / · / 탈락의 동인이 무엇인지 제시되지 못한 상황에서는 단순히 추론일 뿐이다. 결론적으로 현재까지는 고대국어에 초성 자음군이 존재했는지의 유무는 실증적으로 증명되었다고 보기는 어렵다. 단지 하나의 가능한 추론 수준에서의 주장이라고 하겠다.

알타이 공통 조어의 특징 중에 초성 자음군(어두 자음군)이 없다고 해서, 국어 역시 고대국어에 초성 자음군이 없었다고 하는 것은 결과에 끼워 맞추는 해석에 지나지 않는다. 중세국어에 초성 자음군이 존재했다면, 고대국어에도 초성 자음군이 존재했을 가능성이 여전히 열려 있다. 물론 중세국어에 초성 자음군이 존재했더라도 고대국어에는 존재하지 않았을 가능성 역시 열려 있다. 다만 여기서 지적하고자 하는 바는 고대국어에 초성 자음군이 없었다는 것은 논증적 결론이 아니라는 점이다. 고대국어에 초성 자음군이 없었다고 말할 수 있는 어떤 논거도 아직까지 제시된 것이 없다. 고대국어이기 때문에 증거 자체를 찾기 어렵다는 한계가 있음을 인정하지만, 방증적인 증거도 제시되지 않았다. 물론 고대국어에 초성 자음군이 있었다는 증거도 제시된 것이 없다. 이러한 상황에서 고대국어에 초성 자음군이 없었다고 주장하는 것은 국어가 알타이 어족에 속한다는 것을 전제하고, 이 전제에 끼워 맞춘 결과적 해석 이상의 의미는 없다고 하겠다.

중세국어에 초성 자음군이 존재했다는 것은 국어 음운사에서 특별히 이견이 없다. 이때 초성 자음군은 ㅂ계 합용병서를 말한다. ㅅ계 합용병서는 음운론적으로 된소리를 표기한 것이므로 초성 자음군이 아니라고 보는 것이 일반적이다. 물론 ㅅ계 합용병서도 자음군이었다는 견해도 있다. 또한 ㅂ계 합용병서 역시 된소리를 나타내었다고 보는 견해도 있다(김민수 1955, 박병채 1977 등). ㅅ계 합용병서와 ㅂ계 합용병서 모두 된소리를 나타내었다고 보는 경우에는 중세국어에 초성 자음군의 존재를 인정하지 않는다.

초성 자음군을 인정하는 입장에서도 조금씩 차이는 있다. ㅂ계 합용병서만 자음군이었다는 것이 일반적이긴 하지만, ㅅ계 합용병서와 ㅂ계 합용병서가 모두 자음군이었다고 보기도 한다.

(4)
　ㄱ. ㅂ계 합용병서만 자음군이었다고 보는 견해:
　　　이기문(1955), 오정란(1987) 등
　ㄴ. ㅅ계 합용병서, ㅂ계 합용병서가 모두 자음군이었다고 보는 견해:
　　　최현배(1942), 허웅(1953) 등

현재까지의 국어사 연구에서는 (4ㄱ)처럼 ㅂ계 합용병서만 자음군으로 보는 견해가 우세하긴 하다. ㅂ계 합용병서만 자음군이었다는 것은 ㅅ계 합용병서는 된소리였다는 것을 전제한다. 그런데 ㅅ계 합용병서가 된소리였다고 보는 경우에도 두 가지로 나뉜다. 처음부터 ㅅ계 합용병서가 된소리였다고 보는 견해와, 처음에는 자음군이었다가 된소리로 변화되었다고 보는 견해가 또 하나이다. 후자에 해당하는 견해가 박창원(1987)이다. 박창원(1987)은 훈민정음 창제 당시는 자음군이었는데, 1460년대 이후부터 된소리로 변화했다고 보았다.

ㅅ계 합용병서가 자음군이었다고 보는 입장에서 그 근거로 들고 있는 것 중의 하나는 'ㅆ'의 존재이다.

(5)

ㄱ. ᄮᅡ히〈釋詳19:14b〉

ㄴ. ᄮᅡ히 〉 사나이

음성학적으로 /ㄴ/의 된소리가 있을 수 없으므로, 'ㅆ'이 된소리일 수는 없다. 그래서 'ᄮᅡ히'의 'ㅆ'을 된소리로 해석하는 것은 불가능하다. (5ㄴ)처럼 'ᄮᅡ히 〉 사나이'로의 변화도 'ㅆ'이 자음군이었을 가능성을 지지하기는 한다. 하지만 15세기 문헌자료에서 표기상 'ㅆ'의 예는 (5ㄱ) 하나밖에 없다. 그래서 (5ㄱ)의 예를 근거로 ㅅ계 합용병서가 자음군이었다고 하는 것은 과잉 일반화의 문제가 있다. 'ㅆ'의 예가 (5ㄱ) 한 예만 나온다는 것은 일종의 오각이었을 가능성도 배제할 수 없기 때문이다.

그리고 ㅂ계 합용병서 'ㅄ, ㅲ, ㅶ, ㅴ, ㅵ, ㅷ'이 자음군이었다고 보는 견해 내에서도 자음군의 첫 번째 자음 /ㅂ/의 조음과 관련해서는 이견이 있다.

(6)

ㄱ. /ㅂ/이 제 음가 그대로 [p]로 발음되었다(최현배 1942, 허웅 1953 등). 즉 외파 실현되었다.

ㄴ. /ㅂ/이 불파음 [p˺]로 발음되었다(이기문 1955, 유창돈 1975, 오정란 1987 등).

(6ㄱ)은 자음군의 첫 소리 /p/가 외파되었다는 것이고, (6ㄴ)은 자음군의 첫 소리 /p/가 불파되었다는 것이다. 자음군의 첫소리가 외파되었느냐 불파되었느냐는 음절 내에서 초성의 특성과 관련하여 중요한 문제이다. 그

런데 현실적으로 이를 증명할 수 있는 실증적인 방법은 없다. 다만 음성학적으로는 ㅂ계 자음군의 첫소리 /ㅂ/가 외파되었다고 보는 것이 자연스럽다. 만일 /ㅂ/가 불파되었다면, '불파-외파'가 음절 초성에서 동시에 일어났다고 해야 하는데, 음성적으로 이는 매우 부자연스럽고, 현실적으로 존재하기 어려운 발음이다.

초성 자음군 즉, ㅂ계 자음군 'ㅳ, ㅄ, ㅶ, ㅄ, ㅷ'은 근대국어를 거치면서 소멸되어 현대국어에는 존재하지 않는다. 근대국어에 오면서 ㅂ계 자음군들이 ㅅ계 자음군으로 표기되는 변화가 나타난다. ㅅ계 합용병서는 중세국어는 물론 근대국어에서도 된소리를 나타내는 표기였다. 그러므로 ㅂ계 합용병서가 ㅅ계 합용병서로 표기된다는 것은 ㅂ계 합용병서가 더 이상 자음군이 아니라 된소리로 변화하였음을 말해 준다. 그래서 ㅂ계 합용병서가 ㅅ계 합용병서와 혼기되는 시점을 초성 자음군의 소멸 시기로 추정한다.


(7)

ㄱ. 뜯과 양지〈杜詩16:40b〉

ㄴ. 서르 빡 마출씨니〈月釋序1:7b〉

ㄷ. 만드라미 삐롤 ᄀ라〈救簡2:110a〉


(8)

ㄱ. 네 뜻 니ᄅ기를〈論栗1:53b〉

ㄴ. 싹을 굴히여〈敬信,80a〉

ㄷ. 슈박 씨〈蒙類下,4b〉


(7)은 15세기 자료이고, (8)은 18세기 자료이다. (7)에서 보듯이 15세기에서 ㅂ계 합용병서였던 '뜯', '빡', '삐'가 18세기인 (8)에서는 ㅅ계 합용병

서인 '쑷', '쌱', '씨'로 표기된 것을 확인할 수 있다. ㅂ계 합용병서가 중세국어와 마찬가지로 자음군이었다면, (8)처럼 된소리를 나타내는 ㅅ계 합용병서로 표기될 수 없었을 것이다. 그래서 ㅂ계 합용병서가 ㅅ계 합용병서와 혼기되는 시기를 초성 자음군의 소멸로 해석한다.

국어사에서 ㅂ계 자음군의 소멸은 사실 음운의 변화가 아니라 음절구조의 변화이다. 자음군은 말 그대로 음운의 연쇄이므로 음운의 변화가 아니다. 음운의 변화가 아니라 초성의 내부 구조의 변화이다. 중세국어에서 초성 자음군이 존재했다는 것은 초성이 분지하는 음절구조가 허용되었다는 것을 의미한다. 그러다가 ㅂ계 자음군의 소멸로 인해 초성이 분지하는 음절구조가 더 이상 허용되지 않게 되는 변화가 일어난 것이다.

5.3.에서 자세히 다루겠지만, 중세국어는 현대국어와 달리 종성에서도 2개 이상의 자음이 발음되었다고 보는 견해들이 있다. 그럴 경우 중세국어는 종성 역시 분지되는 음절구조가 가능했다고 할 수 있다. 현대국어에서는 초성은 물론이고 종성에서도 자음이 하나 이상 실현될 수 없다. 즉 현대국어에서는 초성과 종성이 분지되는 음절구조를 허용하지 않는다.


## 5.2. 중세국어 음절 중성 제약과 그 변화

중세국어는 현대국어와 달리 하향 이중모음이 존재했다. 음절의 관점에서 보면 하향 이중모음의 존재는 음절핵의 구조가 현대국어와 달랐음을 말해 준다. 문자로서의 모음의 자(字)는 훈민정음 창제 때부터 지금까지 바뀐 것이 거의 없다. 단지 문자 'ㆍ'가 없어진 것이 가장 큰 변화이고, 훈민정음에서 제자는 하였지만 중세국어 당시에 실제로 쓰였는지가 의문인 몇 개의 자가 현대국어 모음 문자와 다를 뿐이다. 문자 'ㆍ'가 없어진 것은 'ㆍ'와 연결된 내용 즉, 음운 /ㆍ/의 소멸로 인해 형식인 문자도 없어진 것이다. 'ㆍ'자 외에 훈민정음에서 제자된 자이지만, 현대국어에 없는 자는 (9)의 4자이다. (9)의 문자는 실제 고유어 표기에 사용된 예가 없다.

(9)

ㄱ. ㆇ, ㆊ, ㆈ, ㆋ

(9)는 'ㅣ 相合者' 중 4자인데, 실제 중세국어에서 이 형식에 대응하는 내용이 있었는지, 즉 이들 자에 대응하는 중모음이 존재했는지는 의문스럽다. 고유어 표기에 이들 자가 표기된 적이 없기 때문이다. 그래서 (9)의 모음자는 제자 방식에서의 제자 체계를 고려해서 만들어진 글자이기는 하지만, 실제 국어 표기를 위한 자는 아니었던 것으로 본다. (9)의 4자는 동국정운식 한자음 표기를 염두를 둔 제자였을 것으로 추정할 수 있다. 고유어 표기에 쓰인 예가 없기 때문에 (9)의 4자가 없어진 것은 단순히 형식이 없어진 것일 뿐이다. 처음부터 국어에서는 이 형식에 대응하는 내용이 존재하지 않았기 때문에 모음의 변화와 관련이 없다.

중세국어에는 이중모음뿐만 아니라 삼중모음도 존재했다. 그래서 이중모음과 삼중모음을 아우를 때는 중모음으로 표현한다. 중세국어 중모음은 상향이중모음과 함께 하향이중모음도 존재했고, 핵모음을 중심으로 좌우에 반모음이 오는 삼중모음도 존재했다. 이를 음절의 관점에서 보면, 현대국어에 비해 중세국어에서는 중성의 구조가 복잡했다고 할 수 있다.

먼저 상향 이중모음은 6개가 있었다.

(10)

ㄱ. ㅑ /ya/, ㅕ /yə/, ㅛ/yo/, ㅠ/yu/

ㄴ. ㅘ/wa/, ㅝ/wə/

(10ㄱ)은 해례 28자 중에서 모음 11자 목록에 있는 기본자이다. (10ㄱ)의 4자의 조음적 특성에 대해 훈민정음에서 '起於ㅣ'라고 기술하였는데, 이는 /y/계 상향 이중모음의 특성과 일치한다. 현대의 음성학적 관점에서 보면 모음의 기본자 11자 중에서 상형자 'ㆍ, ㅡ, ㅣ'와 초출자 'ㅏ, ㅓ, ㅗ, ㅜ'는 단모음이고, 재출자 'ㅑ, ㅕ, ㅛ, ㅠ'는 이중모음이다. 'ㅑ, ㅕ, ㅛ, ㅠ'는 문자의 관점에서는 하나의 문자이지만, 음운론적으로는 2개의 음운이다. 그래서 음절구조상에서 'ㅑ, ㅑ, ㅛ, ㅠ'는 중성이 분지하는 구조이다.

(10ㄴ)은 훈민정음 해례에서 2자 합용자(二字合用字)라고 한 4자 'ㅘ, ㅝ, ㆇ, ㆊ' 중의 2자이다. (10ㄴ)의 'ㅘ, ㅝ'는 현대 음성학적 관점에서 보면 (10ㄱ)과 같은 상향 이중모음이다. 음소 배열의 관점에서 보면, (10ㄱ)은 활음 /y/가 선행하는데 비해 (10ㄴ)은 활음 /w/가 선행한다는 점에서 차이가 있다. 하지만 음절의 관점에서 보면, 단모음과 달리 중성이 분지하는 구조라는 점에서는 같다고 할 수 있다. (10ㄴ)은 기본자 2자를 합용해서 만든 자로, 문자의 관점에서 보면 2개의 문자가 결합된 하나의 문자이고, 음운론적으로는 2개의 음운이다. 훈민정음에서 2자 합용자는 'ㅘ, ㅝ, ㆇ, ㆊ' 4자인데, 'ㆇ, ㆊ'는 고유어 표기에 쓰인 예가 없다. 그래서 'ㆇ, ㆊ'는 중세국어 당시에 실재했던 중모음은 아니었다고 본다.

현대국어에 존재하는 상향 이중모음 중 /y/계 상향 이중모음 'ㅖ/ye/, ㅒ/yɛ/, 그리고 /w/계 상향 이중모음 'ㅟ/wi/, ㅞ/we/, ㅙ/wɛ/'는 중세국어 당시에는 존재하지 않았다. 그것은 중세국어에 단모음 /e/와 /ɛ/가 존재하지 않았기 때문이다. /wi/가 존재하지 않은 것은 하향 이중모음 /uy/의 존재 때문이다. 하향 이중모음 /uy/가 소멸되면서 상향 이중모음 /wi/가 생성되었다.

중세국어는 현대국어와 달리 하향 이중모음이 존재했다. 이는 현대국어와 차이가 나는 부분이다. 하향 이중모음은 훈민정음에서 'ㅣ 相合者'라고 기술한 것들이다.

(11)

| | |
|---|---|
| ㄱ. | 一字中聲之與ㅣ相合者十<br>ㆎ ㅢ ㅐ ㅔ ㅚ ㅟ ㅒ ㅖ ㆉ ㆌ |
| ㄴ. | 二字中聲之與ㅣ相合者四<br>ㅙ ㅞ ㅙ ㆋ |

1자 중성 'ㅣ相合者' 10자 중에서 'ㆉ, ㆌ' 2자, 'ㅣ相合者' 4자 중에서 'ㅙ, ㆋ' 2자, 그리고 'ㆎ' 이렇게 총 5자를 제외한 9자는 현대국어에도 변함없이 그대로 사용되고 있다. 하지만 자에 대응하는 내용 즉, 음가는 현대국어와 차이가 나는 것들이 많다.

(12)

| 자(字) = 형식 | 음가 = 내용 | |
|---|---|---|
| | 중세국어 | 현대국어 |
| 一字中聲之 與ㅣ相合者 | | |
| ㆎ → ʌy | ʌy | × |
| ㅢ → iy | iy | iy |
| ㅐ → ay | ay | ɛ |
| ㅔ → əy | əy | e |
| ㅚ → oy | oy | ö 또는 we |
| ㅟ → uy | uy | ü 또는 wi |
| ㅒ → yay | yay | yɛ |
| ㅖ → yəy | yəy | ye |
| ㆉ → ? | ? | × |
| ㆌ → ? | ? | × |
| 二字中聲之 與ㅣ相合者 | | |
| ㅙ → way | way | wɛ |
| ㅞ → wəy | wəy | we |
| ㅙ → ? | ? | × |
| ㆋ → ? | ? | × |

(12)에서 보듯이 형식인 자(字)는 중세국어나 현대국어가 같지만, 내용 즉, 음가는 'ㅢ'를 제외하고는 모두 변하였다. 그것은 활음이 후행하는 하

향 이중모음이 근대국어 시기에 모두 소멸되었기 때문이다. 하향 이중모음의 소멸은 단모음 /e/, /ɛ/ 그리고 /ü/, /ö/의 생성과 직접적으로 연동된 사건이다. 그래서 단모음 /e/, /ɛ/가 음운화되어 모음 체계에 들어오는 시기와 맞물려 하향 이중모음이 소멸되기 시작한다. /ü/, /ö/의 단모음화는 상대적으로 /e/, /ɛ/에 비해 늦은데, 그래서 /uy/, /oy/의 소멸도 상대적으로 늦다.

'ㅢ'는 현대국어에서 유일하게 남아 있는 하향 이중모음 /iy/이다. /iy/가 현대국어에서 하향 이중모음으로 실재하느냐에 대해서도 논란은 있다.

(13)
ㄱ. 희망[히망], 희다[히다], 띄어쓰기[띠어쓰기], 무늬[무니]
ㄴ. 예의[예이], 주의[주이], 정의[정이], 회의[회이]([hwei])
ㄷ. 나의 고향[나에 고향], 정의의 사자[정이에 사자]

(13ㄱ)에서 보듯이 'ㅢ'는 어두에서도 음절 초성에 자음이 있을 때는 [i]로, (13ㄴ)에서처럼 비어두에서도 [i]로, 그리고 (13ㄷ)에서처럼 관형격 조사 '-의'는 일반적으로 [e]로 실현된다. 그러나 여전히 '의사', '의무'처럼 어두의 'ㅢ'가 하향 이중모음 [iy]로 실현된다는 것을 전면적으로 부정할 수는 없다는 점에서 하향 이중모음 /iy/가 현대국어에서 소멸되었다고까지 하기는 어려울 듯하다. 경상도 방언이나 전라도 방언처럼 방언에 따라서는 /iy/가 소멸되었다고 할 수 있다.

음절의 관점에서 보면, 중세국어에서는 음절핵인 모음의 좌우에 활음이 위치하는 삼중모음이 존재했다. 이는 음절구조의 관점에서 현대국어와 비교할 때 큰 차이이다. 그것은 음절핵이 3분지되는 구조도 허용되었다는 것을 의미하기 때문이다. 논의의 편의상 (12)에서 삼중모음만 다시 정리하면 (14)와 같다.

(14)

| 자(字) | | ㅖ | ㅒ | ㅙ | ㅞ |
|---|---|---|---|---|---|
| 음가 | 중세국어 | yəy | yay | way | wəy |
| | 현대국어 | ye | yɛ | wɛ | we |

삼중모음에서 /y/ 뒤의 /əy/, /ay/가 각각 /əy/ 〉 /e/, /ay/ 〉 /ɛ/로 변하면서, 현대국어에서는 상향 이중모음으로 변화되었다.

모음, 상향 이중모음, 하향 이중모음, 삼중 모음을 음절구조로 도식화하면 (15)와 같다. 대표적으로 /a/, /ya/, /ay/, /yəy/의 음절구조를 보인다.

(15)

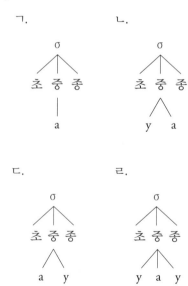

중세국어는 (15ㄱ~ㄹ)이 모두 가능했던 것이고, 현대국어는 (15ㄱ~ㄴ)만 가능하다. 현대국어에도 (15ㄷ) 구조에 해당하는 것으로 'ㅢ/iy/'가 있기는 하다. 하지만 위에서 언급한 것처럼 의도적으로, 의식적으로 발음하려고 노력하지 않는 한 실제 현실의 자연 발화에서 /iy/를 확인하기는 어렵다는 점에서 거의 소멸되었다고 보아도 무방하다.

하향 이중모음이 소멸되는 시점과 관련하여 이견이 없지는 않지만, 대체로 18세기 말 정도로 추정한다. 음절의 관점에서 보면 국어사에서 이 시기를 전후해서 음절구조상에서 중성의 구조에 변화가 일어났다고 할 수 있다. 즉 중성이 3분지되는 (15ㄹ)이 허용되던 구조에서 더 이상 (15ㄹ)이 허용되지 않는 구조로 변화하였다. 음소 배열의 관점에서 보면, 상향 이중모음과 하향 이중모음은 전혀 다르다. 그러나 음절구조라는 관점에서 보면 (15ㄴ)의 상향 이중모음이나 (15ㄷ)의 하향 이중모음이나 중성이 분지하는 구조라는 점에서는 차이가 없다.

1.3.에서 잠시 언급한 것처럼 영어 음절음운론에서는 일반적으로 상향 이중모음의 활음 /y/, /w/는 음절초(초성)에 오는 것으로 해석한다. 하지만 국어에서는 상향 이중모음의 활음 /y/, /w/는 음절초 요소라기보다는 모음과 함께 음절핵(중성)에 위치한다고 보는 것이 더 타당하다. 그래서 음절구조의 관점에서 보면, (15ㄴ)이나 (15ㄷ) 둘 다 중성이 분지하는 구조라는 점에서 구조적으로 다르지 않다.

국어는 영어와 달리 음절핵의 분지 여부가 음운 현상에 관여적이지 않다. 영어의 경우 음절핵의 분지 여부와 악센트 할당은 밀접하게 관련되어 있다. 즉 영어에서는 음절핵의 분지 여부가 음운론적으로 유의미한 기능을 한다. 즉 음절핵이 분지하지 않은 음절에는 악센트가 놓이지 않는다. 영어의 음절구조에 대해서도 음절 이론에 따라 이견이 없지 않지만, 일반적으로 영어 음절 이론에서 상정하는 음절구조는 (16)이다. (16)은 중국어가 음절을 성모와 운모로 나누고, 운모를 다시 구분하는 중국 운학의 음절 분석법과 평행하다.

(16)

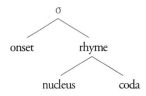

(16)에서처럼 영어는 우선 중성과 종성이 하나의 단위 rhyme으로 묶이고, 이 rhyme이 초성과 연결되는 구조이다. 음절 이론에서는 (16)의 구조를 초성-중성-종성이 평행하게 음절에 연결되는 삼지적 구조와 구분하여 계층적 구조라고 하기도 한다. 이렇게 구분할 경우 삼지적 구조는 평면적 구조가 된다.

영어의 음절구조를 (16)처럼 상정하는 것은 실제 rhyme이 악센트 할당이나 여타의 음운 현상에서 하나의 음운론적 단위로서 기능하기 때문이다. 영어에서 악센트는 1음절어를 제외하고는 중음절에 놓는다. (17ㄱ)처럼 rhyme이 분지하지 않는 구조의 음절을 경음절(light syllable)이라고 하고, (17ㄴ)처럼 rhyme이 분지하는 구조의 음절을 중음절(heavy syllable)이라고 한다.

(17)

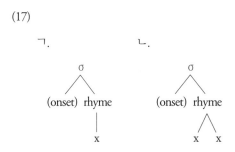

중음절은 rhyme이 분지하는 구조이니까, 장모음이거나, ay, oy처럼 활음

이 후행하는 하향이중모음, 자음으로 끝나는 음절은 모두 중음절이다. 영어에서 악센트는 1음절어를 제외하고는 모두 (17ㄴ)처럼 rhyme이 분지하는 구조의 음절에 놓인다. 여기서 말하고 싶은 것은 영어의 경우 하향 이중모음은 종성에 자음이 있는 VC 음절형과 마찬가지로 rhyme이 분지하는 중음절이라는 사실이다. 그리고 그렇기 때문에 악센트가 놓일 수 있다. 즉 악센트에 초점을 맞춰서 보면, 단모음과 하향 이중모음이 악센트 할당에서 다르게 행동한다. 참고로 영어에서 상향 이중모음은 악센트 할당에 관여적이지 않다. 즉 단모음의 V로만 이루어진 음절이든, 초성이 있는 CV로 이루어진 음절이든, '자음-y-V'(또는 '자음-w-V')의 음절이든 악센트 할당에서는 모두 관여적이지 않다. 이러한 사실이 영어 음절음운론에서 상향 이중모음의 활음 /y/, /w/를 음절핵이 아닌 음절초 요소로 다루는 이유 중의 하나이다.

그런데 국어에서는 rhyme이 음운론적으로 음운 현상에 관여적인 경우를 찾을 수 없다. '사과가: 수박이'에서 '-가 ~ -이' 이형태 선택 교체 같은 것이 rhyme과 관련된 것이 아닌가 하고 생각할 수도 있다. 하지만 이는 종성의 유무가 관여적인 것인지, rhyme의 분지 유무가 관여적인 것은 아니다. 왜냐하면 '초성-중성-종성'이 삼지적 구조라고 하더라도 달라질 것이 없기 때문이다. 이는 이형태 선택 교체의 조건이 rhyme의 분지 유무가 아니라, 단순히 종성의 유무임을 말해 준다.

또한 국어에서는 중성이 분지하는 구조이냐 아니냐 역시 음운론적으로 어떠한 차이를 유발하는 경우가 없다. 즉 중성이 분지하는 구조가 그렇지 않은 구조와 달리 음운론적으로 어떠한 기능을 하지 않는다. 표면형에서 *[겨], *[쳐], *[쪄]가 제약되어 [저], [처], [쩌]로 실현된다거나, [pwa]가 [pa]로 실현된다거나 하는 것은 음절 구조의 문제가 아니라 음소들간의 통합 관계 차원에서 일어나는 음운 현상이다. 왜냐하면 [겨], [벼]와 같은 음절이 제약되지 않으며, 또한 [놔], [화]와 같은 음절이 제약되지 않기 때문이다. 단모음과 상향 이중모음은 음절구조라는 관점에서 보면, 전자는 중성이 분지하지 않은 음절이고, 후자는 중성이 분지한 음절로 다르다. 하지만 이러한 구조의 차이가 음운론적으로 음운 변동에 관여적이지 않다.

이처럼 중성의 분지 유무가 음운론적으로 관여적이지 않기 때문에, 하향 이중모음의 변화도 음절구조의 변화와는 관련이 없다고 하겠다. 하향 이중모음의 소멸에도 중성이 분지하는 구조의 음절은 상향 이중모음의 존재로 인해 변화가 없기 때문이다. 그래서 하향 이중모음이 소멸되었지만, 음절구조의 관점에서는 특별한 변화가 없었다. 다만 하향 이중모음의 소멸로 인해 결과적으로 중성이 삼분지하는 구조의 음절이 소멸된 것이 음절구조의 관점에서 변화라면 변화이다.


## 5.3. 중세국어 음절 종성 제약과 그 변화

음절구조제약 중에서 특히 음절의 종성에 대한 내용은 중세국어에서 근대국어로 넘어오는 시기에 큰 변화가 있었다. 그것은 주지하다시피 8종성에서 7종성으로의 변화이다. 8종성과 7종성은 음절 종성 자음의 불파와 관련된 결과적 현상이다. 즉 음절 종성 자음이 불파되지 않고 외파되던 시기에는 기본적으로 음절 종성에서 자음의 실현에 제약이 없었을 것이라고 가정한다. 그러다가 음절말 자음이 불파되는 변화가 어느 시기엔가 일어났고, 그 결과 종성에서 실현될 수 있는 자음에 제약이 생겼다. 8종성은 음절 종성에 실현될 수 있는 자음의 종류가 8개라는 것이고, 이는 음절말 자음의 불파화라는 변화가 앞선 시기에 이미 발생했다는 것을 전제한다. 8종성에서 7종성으로의 변화는 음절 종성 자음이 불파화되는 변화가 일어난 이후에 불파화의 결과적 내용에 변화가 생긴 것이다. 그 내용은 표면에서 [ㅅ]이 종성에서 실현되다가 더 이상 실현되지 못하고 [ㄷ]으로 실현되는 변화이다.

음절의 관점에서 볼 때, 음절말에서 자음이 외파되던 것이 불파되는 변화는 구조적인 변화이다. 그러나 8종성에서 7종성으로의 변화는 구조적인 변화는 아니다. 하지만 종성 내부에서는 역사적으로 중요한 변화이다. 그래서 음절 종성 제약 및 그 변화와 관련하여 먼저 8종성에서 7종성으로의 변화에 대해 살펴보고자 한다.

음절구조의 관점에서 또 하나의 중요한 변화는 종성에서 실현될 수 있는 자음의 수에 대한 것이다. 이 부분에서는 이견이 있어서 일반화하기는 어렵지만, 중세국어에서는 현대국어와 달리 종성에 2개의 자음이 실현되었다고 보기도 한다. 먼저 8종성에 대해서 살펴본 후에, 종성에 실현될 수 있는 자음의 수에 대해서 살펴보기로 하자.

중세국어에서 종성에 8개의 자음이 발음되었다는 것은 훈민정음 해례 종성해(終聲解)에 분명하게 기술되어 있다. (8)은 종성해의 기술이다.

(18)

ㄱ. ㄱ ㅇ ㄷ ㄴ ㅂ ㅁ ㅅ ㄹ <u>八字可足用也</u>

(ㄱ ㅇ ㄷ ㄴ ㅂ ㅁ ㅅ ㄹ 8자면 족히 쓸 수 있다.)

ㄴ. 如빗곶爲梨花 엿의갗爲狐皮 而ㅅ字可以通用 故只用ㅅ字

('빗곶', '엿의 갗'은 ㅅ자로도 쓸 수 있어서 다만 ㅅ자로 쓴다('빗곳', '엿의 갓'으로 쓸 수 있다)).

ㄷ. 且ㅇ聲淡而虛 不必用於終 中聲可得成音也

(또한 ㅇ은 소리가 맑고 비어서 종성에 반드시 필요하지 않고, 중성만으로 음을 이룰 수 있다.)

(18ㄱ)에서 보면 종성 표기에는 'ㄱ, ㅇ, ㄷ, ㄴ, ㅂ, ㅁ, ㅅ, ㄹ' 8개면 충분하다고 했는데, 이때의 8개의 자음은 단순히 표기를 말한 것이 아니라 표

기이면서 동시에 발음을 말한 것이다. 즉 종성에서 8개의 자음만 발음되었고, 그래서 종성을 표기하기 위한 자(字)는 이 8개의 발음을 나타내는 8개의 자로 충분하다는 말이다. 그래서 (18ㄴ)에서 '빗곳', '엱의갗'의 종성 /ㅅ, ㅈ, ㅿ, ㅊ/이 표면형에서는 모두 [ㅅ]으로 실현되므로 'ㅅ'으로 적을 수 있다고 한 것이다.

그리고 (18ㄷ)은 종성에 후음의 불청불탁음을 쓸 필요가 없다는 것인데, 이는 '무릇 글자는 초성, 중성, 종성이 합해서 음을 이룬다(凡字必合而成音〈例義〉)'는 기술을 상술한 성격을 띤다. 이때 (18ㄷ)의 '可得成音'의 '音', 그리고 〈예의〉의 '合而成音'의 '音'은 자음, 모음과 같은 음소 단위를 가리키는 음이 아니라, 음절을 가리키는 음이다. 그러니까 기본적으로 초성, 중성, 종성이 합해서 음절을 이루는데, 초성이나 종성이 없이 중성만으로도 음절을 이룰 수 있다는 것을 상술한 것이다.

그런데 (18ㄱ)에서 분명히 팔자가족용이라고 했지만, 실제 중세국어 문헌에서는 종성에 (18ㄱ)의 8자 이외에 'ㅿ'도 나타난다. 일반적으로 종성 표기와 관련하여 『용비어천가』와 『월인천강지곡』 두 문헌은 종성부용초성법을 따랐고, 나머지 중세국어 문헌들은 모두 8자가족용법을 따랐다고 말한다. 하지만 8자가족용법을 따른 문헌들에서 종성 표기에 'ㅿ'이 나타난다는 사실 또한 알고 있다.


(19)

ㄱ. ᄀᆞᅀᆡ〈杜詩10:33b〉, 겨ᅀᅮ위〈救簡 3:51b〉

ㄴ. 웋이리로다〈金三2:28b〉, 짗유려〈法華2:206a〉

ㄷ. 즘을〈月釋7:22b〉, 앖이〈月釋22:10a〉

ㄹ. 봊아〈釋詳23:51a〉, 긏어〈杜詩3:19b〉


(19ㄱ)은 체언 내부에서 종성에 'ㅿ'이 나타난 경우이고, (19ㄴ)은 사동

접미사와의 파생에서 'ㅿ'이 연철되지 않고 종성에 그대로 표기된 예이다. (19ㄷ)은 곡용에서, (19ㄹ)은 활용에서 각각 어간말의 'ㅿ'이 연철되지 않고 종성에 그대로 남아 표기된 예들이다. 그래서 (19)와 같은 예들의 존재를 통해 중세국어에서 종성에서 실현된 자음은 훈민정음의 기술대로 8종성이 아니라, 실제로는 /ㅿ/을 포함한 9종성이었다고 말하기도 한다. 박창원(1984)은 중세국어에서는 /ㅅ/과 /ㅿ/은 부분적으로 외파되기도 하고, 불파되기도 한 것으로 보았다. 즉 /ㅅ/, /ㅿ/의 불파화가 중세국어에서는 아직 덜 완성된 것으로 보았다. /ㅿ/의 불파화가 아직 중세국어에서 완료되지 않았다는 것은 /ㅿ/이 종성에서 발음되기도 했다는 것이고, 이 경우 종성에 실현될 수 있는 자음은 8개가 아니라 /ㅿ/을 포함한 9개가 된다.

(18ㄱ)의 기술이 음운사적으로 중요한 것은 종성에서 /ㅅ/이 발음되었다는 사실이다. 현대국어에서는 종성에서 /ㅅ/이 발음되지 못한다. 종성에서 /ㅅ/과 /ㄷ/이 대립되었다는 것은 실제 자료상으로도 확인할 수 있다.


(20)
ㄱ. 긷(柱) : 깃(巢)
ㄴ. 몯(伯) : 못(最)
ㄷ. 붇(筆) : 붓(種)
ㄹ. 몯(釘) : 못(池)


(20)은 15세기 국어에서 확인되는 음절 종성에서 '/ㅅ/ : /ㄷ/'에 의한 최소대립어이다. 종성의 표기를 소리대로 하는 8종성법 하에서 (20)처럼 최소대립어가 존재한다는 것은 종성에서 [ㅅ]과 [ㄷ]이 표면형에서 변별되었음을 증언한다.

15세기 국어에서 /ㅅ/이 종성에서 실제로 발음되었다는 또 다른 증거는 (21)이다.

(21)

ㄱ. 닷ᄂᆞᆫ〈月釋8:87a〉

ㄴ. 닷ᄀᆞ샤〈月釋8:78b〉

ㄷ. 다ᇧ라〈月釋7:14a〉


(21)은 종성 자음군 /ᇧ/인 용언 '닭-'의 활용이다. 만일 [ㅅ]이 종성에서 실현될 수 없었다면, (21ㄱ)에서는 /ᇧ/ 중에서 /ㄱ/이 탈락하고 /ㅅ/이 남을 수 없다. /ᇧ/에서 /ㄱ/이 탈락하고 /ㅅ/이 남을 수 있는 것은 종성에서 /ㅅ/이 실제 [ㅅ]으로 실현되었기 때문에 가능하다.

'닭-'의 종성 'ᇧ'이 된소리 /k'/가 아니라는 것은 (21ㄴ)을 통해서 확인할 수 있다. 만일 '닭-'의 종성 'ᇧ'이 된소리였다면 (21ㄴ)의 '닷ᄀᆞ샤'와 같은 표기가 나타날 수 없다. 현대국어처럼 된소리였다면 (21ㄷ)처럼 연음된 표기만 나타났을 것이다. 그렇기 때문에 (21)은 '닭-'의 종성 /ᇧ/이 된소리 /k'/가 아니라 /sk/의 자음군이었음을 증언한다(박창원 1987:211).

15세기 국어에서 /ㅅ/ 종성을 가진 단어와 /ㄷ/ 종성을 가진 단어들은 표기상 일관되게 'ㅅ', 'ㄷ'으로 구분되어 나타난다. 물론 부분적으로 혼란이 전혀 없지는 않다. 16세기에 들어서면서 종성에서 [ㅅ]과 [ㄷ]의 대립이 소멸되는 변화가 본격적으로 나타나는데, 종성 /ㅅ/과 /ㄷ/ 표기의 혼란은 이러한 변화의 촉발이라는 관점에서 해석될 수 있다. 15세기 국어에서 종성의 /ㅅ/은 실제 표면에서 [ㅅ]으로 발음되었고, 그래서 표기상으로도 종성에서 'ㅅ'과 'ㄷ'은 대체로 구분되었다. 15세기 국어에서 (22)의 단어들은 일관되게 'ㅅ'으로 나타나고, (23)의 단어들은 일관되게 'ㄷ'으로 나타난다.


(22)

ㄱ. 옷 : 옷〈杜詩9:1a〉, 오슬〈楞解7:53b〉

ㄴ. 맛 : 맛〈救簡2:80b〉, 마시〈救簡1:28b〉

ㄷ. 다슷 : 다슷〈圓覺 上1-1:38b〉, 다스시〈圓覺 上1-1:22b〉

ㄹ. 이웃 : 이웃〈杜詩10:14b〉, 이우시〈南明上62a〉


(23)

ㄱ. 뜯 : 뜯〈釋詳13:62a〉, 뜨들〈釋詳6:6a〉

ㄴ. 벋 : 벋〈杜詩16:18a〉, 버디〈杜詩19:40b〉

ㄷ. 몯 : 몯 밋거늘〈法華1:156b〉

ㄹ. 곧 : 구룸이 곧 업스니〈月釋22:19b〉


(22)와 (23)처럼 /ㅅ/ 말음 어간은 항상 /ㅅ/으로, /ㄷ/ 말음 어간은 항상 /ㄷ/으로 구분되어 나타난다. 이를 단순히 표기법상의 문제로 보느냐, 실제 발음을 나타낸 것으로 보느냐에 대해서 이견이 없지는 않다.

허웅(1958:183)에서는 (22)와 (23)을 단순히 표기법과 관련된 문제로 보고 음절 종성에서 'ㅅ'과 'ㄷ'의 음가는 다르지 않았던 것으로 추정하였다. 그러나 얼마 지나지 않아 이를 수정한다. 즉 허웅(1964/1985: 415~416)에서는 앞의 논의와 달리 음절말에서 'ㅅ'과 'ㄷ'이 단순히 표기상으로만 구별된 것이 아니라, 실제 음가도 달랐던 것으로 해석하였다. 이처럼 15세기 국어에서는 음절말에서 /ㅅ/과 /ㄷ/이 표면에서도 대립되었다는 것이 국어사의 대체적인 해석이다.

이와 달리 15세기 국어에서 종성의 /ㅅ/과 /ㄷ/이 실제 발음에서 대립되지 않았다고 보는 견해도 있다. 이익섭(1992:322~313)은 음절말에서 [ㅅ]과 [ㄷ]이 대립된 것이 아니라 동일한 음이었다고 해석하면서 그 근거로 두 가지를 들었다. 첫째, /ㅅ/은 치음이고 /ㄷ/은 설음인데 이 경계를 뛰어넘어서까지 표음 위주의 맞춤법 제정은 저항감을 불러일으켰을 수 있기 때문에, 둘째, /ㅅ/은 치음이고 /ㄷ/은 설음이라는 음성학적 지식이 이들의 실제 발음이 어떠하였든 개별의 음으로 파악했을 수 있기 때문이라는 것이다.

이익섭(1992)는 자료상으로 나타나는 사실에 대한 2차적 해석이다. 종성부용초성과 비교할 때 8종성은 종성에 관한 한 표음 위주의 표기이다. 그런데 실제 발음이 같았지만 개별의 음으로 파악했다는 것은 물리적 사실과 인식적 사실이 서로 달랐다는 것이다. 이는 8종성이 표음 위주의 표기 방식이었다는 사실과 배치된다. 중세국어, 근대국어의 음운사 연구는 자료에 기반하여 이루어질 수밖에 없다. 15세기 국어 자료가 말해 주는 관찰적 사실은 종성에서 /ㅅ/과 /ㄷ/이 대립되었다는 것이고, 이를 부정할 또 다른 실증적 자료가 제시되지 않는 한 /ㅅ/과 /ㄷ/이 종성에서 대립되었다고 보는 것이 타당하다.

음절 종성에서 /ㅅ/과 /ㄷ/의 대립이 소멸되는 변화는 15세에서 일부 단초가 있었고, 이후 16세기 후반부로 가면서 본격화된다.


(24)

ㄱ. 맞-(迎) : 맛ᄌ바(月釋 1:13b) ~ 맏ᄌ오니(楞解 5:33b)

ㄴ. 좇-(從, 隨) : 좃ᄌ바(月釋 2:18b) ~ 졷ᄌᆸ아(月釋 7:8a)

ㄷ. 및-(及) : 밋ᄌ올(法華 3:33b) ~ 믿ᄌ와(楞解 1:76b)


(24)에서 어간 '맞-, 좇-, 및-'의 종성 /ㅈ, ㅊ/은 8자가족용법에 따라 /ㅅ/인 '맛-, 좃-, 밋-'으로 표기되어야 한다. (24)에서 보듯이 /ㅅ/인 '맛- 좃-, 밋-'으로 표기되지만, 또한 /ㄷ/인 '맏-, 졷-, 믿-'으로 표기된 예들도 나타난다. (24)는 음절말에서 /ㅅ/과 /ㄷ/의 대립이 흔들리는 것을 보여 주는 초기 예이다.

16세기 이후 음절말에서 /ㅅ/과 /ㄷ/은 음성적으로는 더 이상 구별되지 못하고 [ㅅ]이 [ㄷ]으로 중화된다. 즉 음운론적으로 음절말에서 '/ㅅ/ : /ㄷ/'의 대립도 소멸되어 표면에서 음절 종성 [ㅅ]은 더 이상 실현되지 못하고

[ㄷ]으로 실현된다. 그럼으로써 현대국어와 같은 7종성으로의 변화가 완료된다.

그런데 이러한 변화가 표기상에 반영되는 양상은 음운론적인 사실과 일치하지 않는 방향으로 나타난다. 음절말에서 '/ㅅ/ : /ㄷ/ 대립의 소멸이 표기상에 반영되는 양상은 16세기까지는 'ㄷ' 표기로 단일화되는 양상을 보이다가, 이유는 알 수 없지만 17세기 들어서면서부터 오히려 'ㅅ' 표기로 단일화된다.

(25)는 16세기에서 17세기초 자료에서 원래 기저 종성이 /ㅅ/이었던 것을 실제 표면에서의 발음인 [ㄷ] 그대로 'ㄷ'으로 적은 예들이다. 이는 표면형에서의 변화인 [ㅅ] 〉 [ㄷ]과 일치하는 방향이다.


(25)

ㄱ. 이욷(← 이웃) 〈飜老 下47b, 50a, 東三 孝 2:69b〉

ㄴ. 읃듬(← 웃듬) 〈小諺 5:77a〉

ㄷ. 갇나희(← 갓나희) 〈飜朴 上:45a〉

ㄹ. 넫재(← 넷재) 〈小諺 1a, 5:18a, 5:100b〉

ㅁ. 녣(← 녯) 〈小諺 2:14a, 3:27a〉

ㅂ. 다숟(← 다슷) 〈小諺 2:33a, 東三 忠 1b〉

ㅅ. 닭긔벋(← 닭긔볏) 〈痘瘡 下 24a〉

ㅇ. 맏(← 맛) 〈小諺 5:51b, 東三 烈 1:68b〉

ㅈ. 받긔(← 밧긔) 〈東三 烈 1:15b〉


그런데 17세기 중엽에 이르러서부터는 (26)에서처럼 오히려 원래 기저 종성이 /ㄷ/이었던 것을 'ㅅ'으로 적는 표기가 주류적인 양상으로 나타난다.

(26)

ㄱ. 뜻(← 뜯)〈老乞 上10a, 朴通 上45b〉

ㄴ. 벗(友)(← 벋)〈老乞 上7b, 朴通 上23a〉

ㄷ. 못(釘)(← 몯)〈朴通 中44b〉

ㄹ. 붓(← 붇)(朴通 上23b)

ㅁ. 곳(處)(← 곧)〈老乞 下39b, 朴通 中38b〉

ㅂ. 갓(笠)(← 갇)〈老乞 下61a, 朴通 上27b〉

ㅅ. 빗(債)(← 빋)〈語錄 初26b, 朴通 上32a〉

음절 종성에서 일어난 변화는 종성에서 [ㅅ]이 실현되다가 [ㄷ]으로 중화된 것이다. 하지만 이러한 음운론적 변화가 표기상에 반영된 양상은 기저 종성 /ㄷ/을 'ㅅ'으로 표기하는 것이었다. 그 결과 음운론적인 7종성과 표기에 쓰이는 7종성이 어긋나게 되었다. 즉 음절 종성에서 실현될 수 있는 음운은 /ㄱ, ㄴ, ㄷ, ㄹ, ㅁ, ㅂ, ㅇ/의 7개의 음운인데 반해, 표기상 종성에 표기될 수 있는 자(字)는 'ㄱ, ㄴ, ㄹ, ㅁ, ㅂ, ㅅ, ㅇ'의 7자(字)였다. 중세 국어에서 종성에서의 8종성은 음운론 사실과 표기가 일치하는 것이었다. 즉 음절 종성에 실현될 수 있는 음운이 /ㄱ, ㄴ, ㄷ, ㄹ, ㅁ, ㅂ, ㅅ, ㅇ/ 8개였고, 표기상 종성에 표기될 수는 자(字)도 'ㄱ, ㄴ, ㄷ, ㄹ, ㅁ, ㅂ, ㅅ, ㅇ'의 8개의 자(字)였다.

원래 기저 종성 /ㄷ/이었던 것이 'ㅅ'으로 표기되면서 기저형도 변하게 된다. 원래는 기저 종성이 /ㄷ/이었던 어휘들의 형태가 (26)처럼 기저 종성 /ㅅ/을 가진 형태로 어간이 재구조화되는 변화가 일어났다. 즉 /벋/, /몯/이 '벗', '못'으로 표기되면서 기저형도 /벋/ 〉 /벗/, /몯/ 〉 /못/으로 변하였다. 이러한 어간 재구조화는 주로 체언과 부사에서 일어났다. 그래서 현대국어에서 체언의 경우 /ㄷ/ 말음을 가진 체언이 거의 없다. 부사의 경우에는 '곧' 정도가 남아 있고, 접두사 '맏-'에서 /ㄷ/ 종성을 확인할 수 있다. '맏아들',

'맏누이'의 접두사 '맏-'은 중세국어에서는 접두사가 아니라 명사 '맏'이었다. 명사 '맏'이 문법화되어 접두사가 되었는데, 형태는 종성 /ㄷ/이 /ㅅ/으로 재구조화되지 않고 여전히 /ㄷ/ 종성으로 남아 있는 경우이다.

용언의 경우에는 체언이나 부사와 달리 원래 /ㄷ/ 말음 어간들이 /ㅅ/ 말음으로 재구조화되는 변화를 거부하고 현대국어까지 /ㄷ/ 말음을 유지하고 있는 것들이 많다.

(27)
ㄱ. 믿- : 밋디〈老乞上17a〉, 미더〈松江歌辭, 上15b〉
ㄴ. 얻- : 엇고져〈老乞下54a〉, 어더〈東國孝2:67b〉
ㄷ. 닫- : 닷고〈東新忠1:16b, 다다〈痘瘡 上66a〉

용언 어간 역시 음절 종성 표기가 'ㄷ'〉'ㅅ'으로 단일화되는 변화에 따라 /ㄷ/ 말음이었던 어간들의 종성이 (27)에서 보듯이 자음 어미 앞에서는 'ㅅ'으로 표기되었다. 그러나 용언의 경우에는 원래 /ㄷ/ 종성이었던 어간들이 변화 없이 현대국어에도 여전히 /ㄷ/ 종성 어간으로 남아 있다.

왜 같은 /ㄷ/ 종성 어간이었는데 체언은 /ㅅ/ 종성 어간으로 재구조화되었는데 반해, 용언은 그대로 /ㄷ/ 종성 어간으로 남아 있을까? 이와 관련하여 송철의(1991:287)는 체언과 용언이라는 문법적인 차이가 /ㄷ/ 말음 어간의 재구조화에서도 다르게 행동한 것으로 파악하였다. 이때 문법적인 차이라는 것은 자립성의 유무이다. 즉 체언은 조사 없이도 홀로 쓰이지만, 용언은 어미 없이 어간이 혼자 쓰이지 못한다. 체언의 이러한 자립성이 용언 어간과 달리 형태를 단순화시키고 고정화시킴으로써 곡용의 패러다임을 규칙화하고, 이형태를 최소화하려는 방향으로의 변화를 지향한 것으로 해석하였다. 예컨대 원래 /ㄷ/ 종성이었던 /벋/의 근대국어 표기는 '벗, 벗도, 버디, 버들'인데, 곡용 패러다임을 규칙화하는 방향을 지향하면서

'벗, 버시, 버슬'처럼 어간의 형태를 /ㅅ/ 말음 어간으로 재구조화하였다. 반면 용언의 경우에는 체언과 달리 어간이 자립해서 쓰이지 못하는 특성으로 인해 상대적으로 활용 패러다임을 단일화하려는 동기가 약했을 수 있다. 그래서 자음으로 시작하는 어미 앞에서 '밋디, 밋고'처럼 'ㅅ'으로 표기되었지만, 여전히 모음으로 시작하는 어미 앞에서는 '미더, 미드니'처럼 기저 말음 /ㄷ/이 실현되었기 때문에 체언과 달리 /ㅅ/ 말음 어간으로 재구조화하는 변화가 저지되었다는 것이다.

음절구조의 변화라는 관점에서 볼 때 8종성에서 7종성으로의 변화보다 더 큰 변화는 종성에서 실현될 수 있는 자음의 최대 개수와 관련된 것이다. 현대국어에서는 종성에서 실현될 수 있는 자음의 최대 개수는 1개이다. 즉 종성에서 2개의 자음이 실현될 수 없다. 그런데 중세국어에서는 종성에 2개 이상의 자음이 실현되었다고 보는 논의들이 있다.

(28)

ㄱ. 넑고〈法華 4:99b〉

ㄴ. 여듧〈釋詳23:55a〉

ㄷ. 옮겨〈月釋15:77a〉

ㄹ. 낛ᄂᆞ〈杜詩24:50a〉

ㅁ. 엱고〈月釋23:76a〉

ㅂ. 없다〈圓覺 上1-2:158a〉

(28)처럼 8자가족용법을 반영한 15세기 국어 문헌자료에서도 표기상 종성에 둘 이상의 자음이 나타나는 예들이 많다. 15세기 당시 표기법은 연철이 주된 방식이었고, 특히 종성의 표기는 8종성을 기본으로 하였다. 이러한 사실을 고려하면, (28)과 같이 표기상 자음군이 나타나는 것을 단순히 종성의 기저형을 밝혀 적은 표기라고 말하기 어렵다. 종성의 기저형을

밝혀 적었다는 것은 표면에서 실제 표기대로 발음된 것이 아니라는 것을 전제한다. 하지만 당시 종성 표기의 경우 소리대로 적는 8자가족용법이었다. 따라서 이러한 사실을 고려할 때, (28)에 대해 단순히 기저형을 밝혀 적은 것이라고만 말하기에는 어려운 면이 있다. 그래서 (28)의 종성 자음군이 실제로 종성에서 둘 다 발음되었을 가능성이 제기되는 것이다.

박창원(1987)은 중세국어에서는 종성 자음군 CC가 실제 자음군 그대로 발음되었다고 보았다. 즉 중세국어에서는 VCC.CV에서 필수적으로 종성의 C 하나가 탈락하는 제약이 약했다고 해석하였다. 어간말 자음군 CC에서 C 하나가 탈락하는 제약이 약했다는 것은 어간말 자음군 CC가 불가능하지는 않았다는 말이므로, 표면에서 종성에 자음이 두 개 올 수 있었다고 보는 것이다.

(29)

ㄱ. 수픐 그테〈杜詩6:42a〉

ㄴ. 밦 ᄀ싀로다〈杜詩 9:39a〉

ㄷ. 짌 子孫〈杜詩 16:2b〉


(29)는 속격 조사 '-ㅅ'이 종성에 표기된 것이다. 속격 조사 '-ㅅ'은 음운이 아니라 형태소이다. 그래서 단순히 자음군 'ㄺ, ㅄ'과는 또 다르다. 중세국어 표기법이 연철과 8종성이었다는 사실을 고려할 때, 만일 속격 조사 '-ㅅ'이 발음되지 않았음에도 시각적으로 '-ㅅ'을 표기한 것으로 해석하기는 어렵다. 그런 점에서 속격 조사가 표기된 그대로 선행하는 자음과 함께 발음되었다고 보는 것이다.[2]

---

2 속격 조사 '-ㅅ'이 종성에서 발음되었다면, 짒빼〈訓解 49〉는 종성에서 3개의 자음이 발음되었다고 해야 한다. 음운사 연구가 문헌자료의 표기를 통해 이루어질 수밖에 없는 현실에서 어떤 표기는 무시하고, 어떤 표기는 당시의 음운론적 사실을 반영하는 것으

특히 (30)의 예는 종성 자음군이 실제 자음군으로 발음되었을 가능성을 보여 준다. 이를 표기상의 혼란이나 표기상의 허용과 같은 표기상의 문제로 돌리지 않는다면, 종성의 CC가 실제 자음군 그대로 발음되었다고 봐야 한다.

(30) 젼ᄌᆞ〈月釋21:54a〉~ 젼ᄶᆞ〈釋詳24:28b〉

'젼ᄶᆞ'은 '젼ᄌᆞ'의 종성 'ㄵ'에서 'ㅅ'을 후행 음절 초성으로 연철한 것인데, 이는 '젼'의 발음이 실제 자음군 그대로 /ns/여야 가능할 수 있다. '젼ᄌᆞ'에서 종성 'ㄵ'이 표기 그대로 /ns/로 발음되지 않았다면, '젼ᄶᆞ'과 같은 표기가 나타나기 어렵기 때문이다. 하지만 이렇게 해석하더라도 한 가지 문제는 남는다. 그것은 'ᄶᆞ'의 초성 'ㅺ'이 '젼'의 종성 자음군 중 /ㅅ/이 연철된 것이니까 이때의 'ᄶᆞ'의 'ㅺ'이 된소리라고 할 수 없고, /sk/의 자음군이었다고 해야 한다. 이는 ㅅ계 합용병서가 된소리를 나타냈다는 것과 충돌하는 문제가 있는데, 박창원(1987)은 1460년대 이전에까지는 ㅅ계 합용병서가 자음군이었다고 보기 때문에 박창원(1987) 내에서는 문제가 아니기는 하다.

중세국어에서 종성에 자음군이 허용되었다면, 중세국어에서 현대국어로 오면서 종성에서도 음절구조제약에 변화가 일어난 것이 된다. 하지만 중세국어에서는 어떤 이유로 종성에서 2개의 자음이 발음될 수 있었는지, 그리고 어떠한 이유로 종성에서 2개의 자음이 허용되다가 1개만 허용되는 것으로 음절구조제약의 내용이 바뀌었는지는 현재로서는 말하기 어렵다.

다만 15세기 국어에서 음절말의 /ㅅ/이 발음되었다는 사실과 관련 지어 생각해 볼 수는 있다. 즉 음절말의 /ㅅ/이 발음되었다는 것은 음절말 자음

---

로 자의적으로 해석하는 것도 문제이다. 그렇지만 또 모든 표기가 당시의 음운론적 사실을 반영하고 있다고 해석하는 것도 바람직한 연구 태도라고 할 수 없다. 이런 점에서 '닶ᄢᅢ'는 매우 곤혹스러운 예이다.

의 불파가 아직 완전히 완료되지 않았다는 것을 의미한다. 이처럼 음절말 자음의 불파가 완전히 완료되지 않았기 때문에 음절말에서 부분적으로 자음군이 발음되었을 가능성이다. 그러나 이는 여전히 개연성으로만 말할 수 있을 뿐 실증적으로 증명하기는 어려운 문제이다.

# 참고문헌

강신항(1990), 「古代國語의 音節末子音에 대하여」, 『大東文化研究』 25, 大東文化研究所, 7-28.

강옥미(1994), 「한국어의 음절구조」, 『語文論集』 4, 숙명여대 한국어문학연구소, 3- 37.

강옥미(2003), 『한국어 음운론』, 태학사.

강창석(1984), 「國語의 音節構造와 音韻現象」, 『國語學』 13, 199-228.

강창석(1989), 「현대국어 음운론의 허와 실」, 『국어학』 19, 국어학회, 3-40.

강창석(1992), 「15世紀 音韻理論의 研究 ― 借字表記 傳統과의 관련성을 중심으로 ―」, 博士學位論文(서울대).

고동호(1987), 「15세기 한국어의 변동규칙과 음절에 대하여」, 석사학위논문(서울대 언어학과).

고영근 외(2002), 『문법과 텍스트』, 서울대출판부.

고창수(1992), 「고대국어의 구조격 연구」, 박사학위논문(고려대).

곽충구(1994), 「系合 內에서의 單一化에 의한 語幹 再構造化」, 『南川 朴甲洙 先生 華甲紀念論文集』, 549-586.

곽충구(1997), 「音節의 變化」, 『國語史 研究』, 태학사, 387-421.

권인한(1987), 「音韻論的 機制의 心理的 實在性에 對한 研究」, 國語研究 76.

권인한(1996), 「고대국어 한자음 연구의 가능성 모색 : 駕洛國號의 異表記들을 중심으로」, 『울산어문논집』 11, 143-164.

권인한(2002), 「고대 한국한자음에 대한 한 고찰」, 『문법과 텍스트』, 고영근 외, 서울대출판부, 79-96.

김  현(2011), 「공명도 및 관련 음운 현상에 대한 음성학적 접근」, 『어문연구』 31, 한국어문교육연구회, 139-164.

김동소(1995), 「고대 한국어의 종합적 연구」, 『한글』 227, 한글학회, 149-164.

김동소(1998), 『한국어 변천사』, 형설출판사.

김무림(1979), 「중세 및 고대국어 한자음 연구의 성과와 과제」, 『우리말연구』 51, 우리말학회, 3-26.

김무식(1993), 「『訓民正音』의 音韻體系 硏究」, 박사학위논문(경북대).

김방한(1983), 『한국어의 계통』, 민음사.

김성규(1999), 「빠른 발화에서 음절 수 줄이기」, 『애산학보』 23, 109-137.

김성련(1995), 「국어 음절간의 음운현상에 대한 연구」, 박사학위논문(충남대).

김완진(1980), 『향가해독법연구』, 서울대학교출판부.

김정우(1994), 「음운현상과 비음운론적 정보에 관한 硏究」, 박사학위논문(서울대).

김종훈(1989), 「영어의 음절구조와 그 조건」, 『영어영문학』 35-3, 한국영어영문학회, 589-608.

김종훈(1990), 『音節音韻論』, 翰信文化社.

김주필(1999), 「국어의 음절 내부 구조와 음운 현상」, 『애산학보』 23, 애산학회, 45-72.

김차균(1976), 「국어의 자음 동화에 대하여: 동화 작용의 원리 탐구를 중심으로」, 『어학연구』 9, 어문연구학회, 109-117.

김차균(1981), 「음절 이론과 국어의 음운 규칙」, 『논문집』 8-1, 충남대 인문과학연구소.

김차균(1987), 「국어의 음절 구조와 음절핵 안에 일어나는 음운론적 과정」, 『말』 12, 연세대학교 한국어학당, 25-70.

김형규(1963), 「ㅎ말음 체언고」, 『아세아연구』 6-1, 고려대학교 아세아문제연구소, 177-204.

김형규(1983), 『증보 국어사연구』, 일조각.

도수희(1980), 「百濟地名 硏究(II)」, 『백제연구』 11, 충남대 백제연구소, 5-157.

렴종률(1980), 『조선어문법사』, 평양: 김일성종합대학출판사.

류 렬(1983), 『새나라시기의 리두에 대한 연구』, 평양: 과학, 백과사전 출판사.

리득춘(1985), 「조선한자음의 원류」, 『민족어문』, 중국사회과학출판사.

리득춘(1995), 『조선어 한자어음 연구』, 서광학술자료사.

문양수(1996), 「음절이론과 국어의 음절구조」, 『음성학과 언어학』, 서울대출판부, 26-49.

박병채(1971), 『고대국어의 연구』, 고려대출판부.

박병채(1989), 『국어발달사』, 세영사.

박승빈(1935), 『조선어학』, 조선어학연구회.

박영준(1994), 『명령문의 국어사적 연구』, 국학자료원.

박은용(1970), 「중국어가 한국어에 미친 영향」, 『효대논문집』, 효성여자대학교. 9-86.

박창원(1984), 「중세국어의 음절말 자음 체계」, 『國語學』 13, 국어학회, 171-197.

박창원(1987), 「15세기 국어의 음절 경계」, 『진단학보』 64, 진단학회, 205-220.

박창원(1993), 「현대 국어 의성 의태어의 형태와 음운」, 『새국어생활』 3-2, 국립국어연구원, 16-53.

배주채(1996), 『국어음운론 개설』, 신구문화사.

서재극(1974), 『新羅 鄕歌의 語彙 硏究』, 啓明大 韓國學硏究所.

성백인(1999), 『만주어와 알타이어학 연구』, 태학사.

송기중(2003), 『역사비교언어학과 국어계통론』, 집문당.

송철의(1982), 「국어의 음절문제와 자음의 분포제약에 대하여」, 『관악어문연구』 7, 서울대학교 국어국문학과, 175-194.

송철의(1991), 「국어 음운론에 있어서 체언과 용언」, 『國語學의 새로운 認識과 展開』(김완진선생회갑기념논총), 민음사, 278-296.

신승용(1998), 「음절화와 활음(/y, w/)의 음운론적 성격에 관하여」, 『서강어문』 14, 서강어문학회, 21-52.

신승용(2001a), 「古代國語의 音節構造」, 『어문학』 73, 67-90.

신승용(2001b), 「음절화의 층위」, 『시학과 언어학』 1, 시학과 언어학회, 249-271.

신승용(2002a), 「한국어의 음절구조」, 『시학과언어학』 4, 시학과언어학회, 294-329.

신승용(2002b), 「음절구조에서 골격층렬의 실체」, 『국제어문』 25, 225-244.

신승용 · 안윤주(2020), 『문법하고 싶은 문법』, 역락.

양주동(1942), 『증정 고가연구』, 일조각.

엄익상(2013), 「표준중국어 음절구조와 활음의 위치」, 『중국언어연구』, 한국중국언어학회, 41-64.

엄태수(1994), 「국어 기저형과 음운규칙에 대한 연구, 박사학위논문(서강대).

엄태수(1996a), 「현대국어의 이중모음화 현상에 대하여」, 『언어』 21, 언어학회, 401- 420.

엄태수(1996b), 「최적 이론(Optimality Theory)에 의한 현대국어 음운현상의 설명」, 『음성 · 음운 · 형태론 연구』 2, 91-116.

오정란(1988), 『경음의 국어사적 연구』, 한신문화사.

오정란(1993), 「국어 음운현상에서의 지배관계」, 『음성음운형태론연구』 1, 한국음운론학회, 91-104.

이기문(1955), 「어두자음군의 생성과 발달에 대하여」, 『진단학보』 17, 진단학회, 187-258.

이기문(1969), 「중세국어 음운론의 제문제」, 『진단학보』 32, 진단학회, 132-150.

이기문(1972a), 『개정 국어사개설』, 탑출판사.

이기문(1972b), 『국어음운사연구』, 탑출판사.

이기문(1998), 『신개정 국어사개설』, 태학사.

이기문(2003), 『한국사 시민강좌』 32, 일조각, 161-184.

이기석(1993), 『음절구조와 음운원리』, 한신문화사.

이돈주(1995), 『漢字音韻學의 理解』, 탑출판사.

이동화(1998), 『최근 이론 중심의 국어음운론』, 문창사.

이병근(1988), 「『訓民正音』의 初 · 終聲體系」, 신상순 · 이돈주 · 이환묵 편 『훈민정음의 이해』, 한신문화사, 59-80.

이병선(1982), 『한국고대국명지명연구』, 형설출판사.

이병선(1991), 「고대국어 개음절에 대하여 ― CVCV형의 가설 제기로서 ―」, 『들메 서재극박사 환갑기념논문집』, [이병선(1993), 『국어학논고』에 재수록.

이병선(1993), 『국어학논고』, 아세아문화사.

이병운(2000), 『중세국어의 음절과 표기법 연구』, 세종출판사.

이숭녕(1954), 『국어학개설』, 진문사.

이용성(1995), 「음절구조론」, 『외대논총』 13, 부산외국어대학교, 93-142.

이윤동(1997), 『한국한자음의 이해』, 형설출판사.

이익섭(1992), 『국어표기법연구』, 서울대학교출판부.

이장희(2005), 「고구려어의 음절 구조에 대하여」, 『어문학』 87, 한국어문학회, 175- 200.

이주희(2007), 「한국어의 음절구조에 대한 연구 경향과 전망」, 『한국언어문학』 61, 한국언어문학회, 57-81.

이지수 · 박인규(2018), 「반모음 교체 현상에 대한 문법 교육적 기술 방안 연구 — 문법 교과서 '모음 축약 기술에 대하여 —」, 『국제어문』 78, 국제어문학회, 131-152.

전상범(1980), 「Lapsus linguae의 음운론적 해석」, 『언어』 5-2, 한국언어학회, 15-32.

전상범(1992), 『생성 음운론』, 탑출판사.

전상범(2004), 『음운론』, 서울대학교출판부.

정　국(1994), 『생성 음운론의 이해』, 한신문화사.

정연찬(1963), 「15世紀 國語의 活用語幹의 聲調에 대하여」, 『論文集』(충남대) 3, 3-45.

정연찬(1991), 「현대 국어 이중모음 체계를 다시 생각해 본다」, 『석정 이승욱선 생 회갑기념 논총』, 379-402.

정연찬(1999), 「'ᄋᆞ, 으'에 관한 몇 가지 문제」, 『국어학』 33, 국어학회, 327-335.

정영인(1991), 「근대국어의 음절 구조와 음운 변화」, 박사학위논문(전북대).

조성문(2000), 『국어 자음의 음운 현상에 대한 원리와 제약』, 한국문화사.

최병선(1998), 『중세국어의 음절과 모음체계』, 박이정.

최임식(1989), 「국어 내파화에 관한 연구」, 석사학위논문(계명대).

최임식(1991), 「15世紀 國語의 音節構造」, 『들메 서재극 박사 환갑기념논문집』, 803-819.

최전승(1999), 「원순모음화 현상의 내적발달과 개별 방언어휘적 특질」, 『국어문학』 34, 103-150.

최현배(1942), 『한글갈』, 정음사.

최희수(1986), 『조선한자음연구』, 흑룡강조선민족출판사.

허　웅(1953), 「병서의 음가에 대한 반성」, 『국어국문학』 7, 국어국문학회, 9-15.

허　웅(1985), 『국어 음운학』, 샘문화사.

허삼복(1994), 「중세국어 음절구조와 음운현상 연구」, 박사학위논문(충남대).


董同和(1968), 『漢語音韻學』, 臺北: 文史哲出版社.

羅常培(1933), 『唐五代西北方言』

小倉進平(1929), 『鄕歌 及 吏讀의 硏究』, 京城帝大.

孫景濤(2006), 「介音在音節中的地位」, 『言語科學』 21, 44-52.

王力(1985), 『漢語語音史』, 北京: 中國社會科學出版社.

河野六郎(1968), 『朝鮮漢字音の연구』, 天理大.


Ahn, Sang-Cheol(1988), A Revised Theory of Syllable Phonology, 『언어』 13-2, 한국언어학회, 333-362.

Allen, W.S.(1973), Accent and Rhythm, Prosodic Features of Latin and Greek: A Study in Theory and Reconstruction, *Cambridge Studies in Linguistics* 12, Cambridge University Press.

Arlotto, Anthony(1972), *Introduction to historical linguistics*, Boston: Houghton-Mifflim.

Bynon, T.(1977), *Historical Linguistics*, Cambridge University Press.

Chomsky, N. & Halle, M.(1968), *The sound pattern of English*, New York: Harper.

Clement, G.N. & S.J. Keyser(1983), *CV Phonology; A Generative Theory of the Syllable*, MIT Press.

Chafe, W.L.(1959), Internal reconstruction in Senca, *Language* 35, 477-495.

Davis, S. & Michael Hammond(1995), On the status of onglidies in American

English, *Phonology* 12, 159-182.

Dell, F. D. Hirst and J.-R. Vergnaud(eds)(1984), *Forme sonore du langage: Structure des représentations en phonologie*, Paris: Hermann.

Fuge(1987), Branching structure within the syllable, *Journal of Linguistics* 23, 359- 377.

Hall, T. A.(2004), On the nongemination of /r/ in west Germanic twenty-one years later, *Folia Linguistica Historica* XXV/1-2, 211-234.

Hjelmslev, L.(1938), The syllable as a structural unit, *Proc. Int. Cong. of Phon. Sci.* Ⅲ, Ghent, 226-272.

Hoenıgswald, H. M.(1960), *Language Change and Linguistic Reconstruction*, University of Chicago Press.

Hogg, R. & C.B. McCully(1987), *Metrical Phonology*, Cambridge University Press.

Hooper, J.B.(1972), The syllable in phonogical theory, *Language* 48, 525-540.

Hooper, J.B.(1976), *An Introduction to Natural Generative Phonology*, Academic Press.

Hulst, H van der & N. Smith(1982), *The Structure of Phonological Representations*, Part Ⅱ, Dordrecht-Holland: Foris Publications.

Jakobson, R.(1931), Die Betonnung und ihre Rolle in der Word-und Syntagmaphonologie, *Travaux du Cercle Linguistique de Prague* Ⅳ, Reprinted in Roman Jakobson, *Selected Writing* Ⅰ, The Haue; Mouton, 117-136.

Jepersen, O.(1904), *Lehrbuch der Phonetik*, Leipzig.

Kahn, D.(1976a), Syllable based Generalizations in English Phonoloy, MIT Ph.D., Distributted by Indiana University Linguistics Club.

Kahn, D.(1976b), *Syllable Sructure Specifications in Phonological Rules*, University of Massachusetts and Bell Laboratories.

Kang, S.K.(1992), A Moraic Study of Some Phonology Phenomena in English and Korean, Ph.D. dissertation, University of Illinois at Urbana

Champagne.

Karlgren, Bernhard(1926), *Philology and Ancient China*, Goteborg: Oslo Institute for sammenlignende kulturforkning.

Kaye, J. & J. Lowenstamm(1984), De la syllabicité, In F. Dell, H. Hirst and J-R. Vergnaud eds(1984), *Forme sonore du langage*, Paris: Hermannm 123-159

Kenstowicz, M.(1994), *Phonology in Generative Grammar*, Blackwell.

Kim, Jong.-Mi(1986), Phonology and syntax of Koeran morphology, Doctoral dissertation, University of Southern California.

Kim, Young-Seok(1984), Aspects of Korean Morphology, Ph.D. dessertation, University of Texas.

Kim-Renaud, Young-Key(1978), The syllable in Korean phonology, *Papers in Korean linguistics*, ed. by Chin-W. Kim, Columbia, SC: Hombeam press, 85-98.

Ladefoged, P.(1967), *Three Areas of Experimental Phonetics*, London: Oxford University Press.

Leben, W.(1973), Suprasegmental phonology, Cambridge, MIT Ph.D. dissertation.

Lee, Byung-Gun(1982), A well-formedness condition on syllable structure, *Linguistics in the Mornning calm*, ed. by I._Y. Yang, Hanshin Publishing Co, 3-91.

Lee, Yen-Hwei (2007), *The Sounds of Chinese*, Cambridge Universtiy Press.

Lee, Yongeun(2006), Sub-syllabic constituency in Korean and English, Ph.D. dissertation, Northwestern University.

Levin, J.(1985), A metrical Theory of syllabicity, MIT Ph.D dissertation.

McCarthy & Prince (1986), *Prosodic Morphology*, Waltham MA: Brandeis University, ms.

McCarthy, J.(1979), Formal problems in Semitic phonology and morphology, Ph.D. dissertation, MIT.

McCarthy, J.(1981), A prosodic theory of nonconcatenative morphology, *Linguistic Inquiry* 12, 373-418.

O'Connor, J.D. & J.L.M, Trim(1953), Vowel, consonant and syllable: A phonological definition, *Word* 9, 103-122.

Poppe, N.(1965), *Intoduction to Altaic Linguistics*, Wiesbaden: Otoo Harrassowitz.

Prince, A. & Aul, Smolensky(1993), *Optimality Theory*, Rutgers University and University of Colorado.

Pulgram, E.(1970), *Syllable, Word, Nexus, Cursus*, The Hague: Mouton.

Ramstedt(1928), Remarks on the Korean language, *Mémoires dela Société Finno-ougrenne* 58, 441-453.

Saussure, F.de.(1916), *Cours de Linguistique Générale*, 『일반언어학강의』, 최승언 옮김(1990), 民音社.

Selkirk, E.O.(1982), The syllable, In Hulst, H van der & N.Smith. eds.(1982), Part Ⅱ, 337-383.

Sohn, Hyang-Sook(1987), Underspecification in Korean Phonology, Ph.D. dissertation, University of Illinois at Urbana Champagne.

Stetson, R.H.(1951), *Motor Phonetics: A study of speech movements in action*, Amsterdamn: North-Holland.

Vennemann, T.(1971), Natural generative phonology, Paper read at annual meeting of the Linguistic Society of America, St. Louis, Missouri.

## 《국어사대계》 발간의 말씀

    한 학문 분야의 연구 내용을 집대성하는 '대계'를 만드는 것, 이것은 한 학문 분야가 제대로 성과를 내어 축적되는 과정에서 그 분야의 연구자라면 누구나 갖게 되는 뜻깊은 소망 중의 하나일 것입니다.

    그래서인지 "우리도 이제《국어사대계》를 만들자."라고 하는 논의가 대략 20여 년 전인 1999년부터 있었습니다. 그때는 전광현 선생님과 송민 선생님의 회갑을 기념하는《국어사 연구》를 만들고 난 직후입니다. 당시의 필자들을 중심으로 국어사 대계를 준비하고, 송민 선생님께서 그 준비금으로 국어사연구회에 거금을 희사하시기도 했는데, 당시의 상황이 정확하게 기억이 나지 않지만, 필자들에게 보낼 안내 메일까지 만들었던 것을 보면 상당히 구체적으로 논의가 되었던 모양입니다.

    이제 20여 년이 지난 지금에서야 비로소《국어사대계》를 간행할 수 있게 되었습니다.《국어사대계》는 크게 세 부분으로 이루어집니다. 20년 전 40~50대가 주축이 되어 집필하였던《국어사 연구》를 수정 보완한 것이 첫 번째 부분이고, 국어사를 전공하였던 원로 선생님들의 기라성 같은 논문을 선별하여《국어사 논문 걸작선》을 간행한 것이 두 번째 부분입니다. 그리고 2020년 이후 현재 40~60대 연구자를 중심으로 집필진을 새로이 구성하여 개별 주제에 대해 집필하여 대계를 완성하고자 하는 것이 세 번째 부분입니다. 그리하여 국어사 학계의 노력 모두를 아우른《국어사대계》를 간행함으로써 국어사 연구에서 시대를 획하는 작업을 하고자 하는 것입니다.

    근대적인 학문으로서의 국어학이 시작된 지 100년이 훨씬 넘었습니다. 초기의 국어 연구는 대다수가 역사적인 문제를 다루었으므로 국어사 연구가 자연히 국어 연구의 중심 분야로 자리 잡고 있었습니다. 물론 1960년대 이후 현대국어를 중심으로 한 공시적인 연구가 부상하면서 현재는 국어사가 예전만큼 큰 위상을 지니지는 못하지만 여전히 국어학 연구의 중요한 분야임에는 틀림이 없습니다. 100년이 넘는 동안 국어사에 관한 수많은 논문이 쓰였고, 이 연구들을 통해 이루어진 성과는 너무도 방대합니다. 그런데 역사에 관심이 적은 다수의 국어학 연구자들이 국어사의 성과들을 잘 이해하지 못할 뿐 아니라 국어사 연구자라도 자신의 세부 전공이나 관심 영역 밖에 있는 주제에 대해서는 정확히 알지 못하는 상황이 되었습니다.

이미 간행되어 연구자들에게 활용되고 있었어야 마땅한 《국어사대계》가 존재하지 않아 늘 안타깝게 생각해 오던 차에, 몇 사람(박창원, 한재영, 김성규, 신중진)의 발의에 의해 2017년 3월 18일 '국어사대계 준비위원회'(박창원, 한재영, 정재영, 김성규, 장윤희, 정인호, 황선엽, 이진호, 이상신, 신중진)가 조직되어 《국어사대계》 편찬을 위한 사전 논의를 진행하였습니다. 이후 현실적인 어려움과 난처함을 겪기도 했지만 《국어사대계》 전체 목차의 윤곽이 나오고 집필진이 꾸려졌으며, 2017년 8월 24일에는 집필진들이 모여서 《국어사대계》 집필을 위한 발대식을 거행하기도 하였습니다. 2020년 이후 '국어사대계 간행위원회'(박창원, 한재영, 김성규, 장윤희, 황선엽, 이진호, 이상신, 신중진)가 본격적으로 《국어사대계》의 각 부분들을 순서대로 간행하기에 이르렀습니다. 《국어사대계》의 간행을 위해 애써 주신 간행위원들과 특히 각자 맡은 분야를 열심히 집필해 주시는 집필진께 깊은 감사의 말씀을 드립니다. 그리고 어려운 원고를 입력해 준 2019년 당시 이화여자대학교 대학원 학생들에게 고마운 마음을 전합니다. 마지막으로 이 책의 간행에 많은 도움을 주신 태학사 지현구 회장님을 비롯한 출판사 여러분께도 감사의 마음을 전합니다.


'국어사대계 간행위원회'를 대표하여 박창원 삼가 적음